▶异性恐惧症。它是社交恐惧症的一种，表现为对异性会产生无条件的恐惧心理，即使本人知道这种恐惧是没有必要的，也无法遏止。比如，有的男生见到女生会非常紧张、冒汗、回避，比如，有的女生见到男生会不自然、无法交谈等。很多时候，我们越想控制自己的慌乱，表现反而越糟糕、越怪异。从心理学上来看，强硬地要求自己不紧张反而会带来反效果，就好像我们在高楼平台上低头俯视害怕跌落下去，便会不由后退几步一样，如果坚信这是异常现象与之对抗，越反抗就会越恐惧。在社交场合中，每个人面对异性，肯定都会略有紧张，但如果你觉得这是不应该有的心理，越想控制它，你就会越害怕。

▶孤独的路，没有尽头。人生来孤独，却也害怕孤独，试想一下，如果总是一个人看风景、一个人沐浴阳光，一个人忍受寒风刺骨……这一路走下来，又有什么趣味呢？

▶你是否也曾有过这样的时刻：热闹的聚会中，别人在欢笑畅谈，而你却格格不入，只能在一旁用食物来寻找自己的存在感？聚会中你可以选择作为倾听者，但是倾听不能成为你的逃避手段。

▶很多时候，孤独感其实是我们内心的一种感受，感觉自己被别人孤立，没有人关心你，在乎你。而社交恐惧症的出现让这种感受形象化，它让你害怕一个人独处，希望有人陪在身边，却又害怕太过喧嚣，让你感觉烦躁。

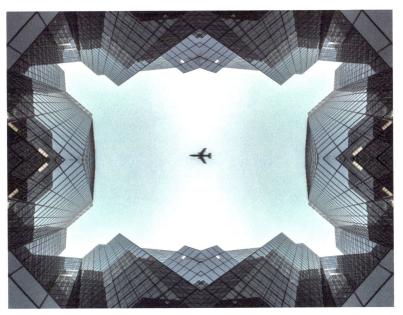

▶世界那么大，你真的不想去看看吗？你害怕人群、害怕与人沟通、害怕未知的精彩……于是，你把自己变成了钢筋水泥筑成的城市森林中的"囚徒"。

▶你羡慕朋友们走在一起的欢笑、张扬、释放，你希望自己能够成为活跃群体中的一员，但是真正走在一起时，却总感觉自己被边缘化。其实不是朋友不肯接受你，是你封闭了自己的心。

▶害羞的孩子很少惹祸或者制造麻烦，当你为孩子的乖巧高兴时，请留心一下，他们是不是同时也缺乏社交技巧，不善于表达自己。不要让孩子越来越沉默，他们应该拥有阳光的笑脸。

不害羞、不怯场、不高冷

各种社交恐惧症以及如何治疗社交恐惧症

吴婉绚 著

台海出版社

图书在版编目（CIP）数据

不害羞、不怯场、不高冷 / 吴婉绚著. —— 北京：
台海出版社, 2017.9

ISBN 978-7-5168-1533-5

Ⅰ.①不… Ⅱ.①吴… Ⅲ.①心理交往 – 社会心理学
– 通俗读物 Ⅳ.①C912.1-49

中国版本图书馆CIP数据核字（2017）第218876号

不害羞、不怯场、不高冷

著　　者：吴婉绚

责任编辑：王　品　　　　　　　装帧设计：久品轩
版式设计：曹　敏　　　　　　　责任印制：蔡　旭

出版发行：台海出版社
地　　址：北京市东城区景山东街20号　邮政编码：100009
电　　话：010 – 64041652（发行，邮购）
传　　真：010 – 84045799（总编室）
网　　址：www.taimeng.org.cn/thcbs/default.htm
E – mail：thcbs@126.com

经　　销：全国各地新华书店
印　　刷：保定市西城胶印有限公司
本书如有破损、缺页、装订错误，请与本社联系调换

开　　本：150×210　1/32
字　　数：79千字　　　　　　　印　张：7
版　　次：2017年12月第1版　　印　次：2017年12月第1次印刷
书　　号：ISBN 978-7-5168-1533-5

定　　价：32.00元

前言　我不是不孤单，只是很恐慌

　　说到恐惧症，许多人都会下意识联想到幽闭空间恐惧症、高空恐惧症、密集恐惧症……可是，会关注到社交恐惧症的人却是少之又少。毕竟站在高楼边缘，本能的畏惧眩晕是合理的；幽闭的空间让人感到压抑，心理上的恐惧是合理的；过分密集的排列刺激眼球，让人不由得竖起汗毛，这也是合理的。而人明明就是群居动物，居然害怕与他人交往，恐惧社交怎么看都显得不合理。

　　但是，事实偏偏就是如此。在这个世界上，有相当一部分人受困于社交恐惧无法自拔，他们害怕别人的注意、害怕人群聚集的场合、害怕与人打交道……极端情况下他们甚至会选择与社会隔离。世界上有那么多人，而他们却只能孤单度日，最可怕的是，这种孤单却不是一种享受，而是一种折磨。社交恐惧症患者就是在这样的矛盾中越陷越深，难以救赎。

那么，社交恐惧症究竟是怎么回事呢？

社交恐惧症又名社交焦虑障碍，是恐惧症的一种亚型。这种恐惧症往往发生在17~30岁，其中青春期的少男少女所占比例最高，并且无明显的男女发病差异，而这些患者在患病期间能感受到社交恐惧症带给他们的痛苦，并且一般都能够保持良好的自知力。换句话说，大部分严重的社交恐惧症患者都能够清楚地意识到自己的精神病态，这样的情况下，他们的心理压力可想而知，严重的社交恐惧症不仅会对患者在工作、学习、社会功能等方面造成干扰，还会损害这一人群的自信心。一句话：社交恐惧症夺走了他们生命中不可或缺的一部分——社交。而失去了社交的人生活质量被严重降低，很多人甚至因此彻底失去自己的事业和生活情趣。

社交恐惧症又可以细分为赤面恐惧症与口吃恐惧症、异性恐惧症与视线恐惧症等。这些恐惧症的表现形式各有不同，但却会造成同样的伤害——让人一步步丧失社交能力，给个人造成精神上的痛苦和焦虑。

社交恐惧症往往会带来其他各种并发的心理疾病：抑郁症、焦虑症、极度自卑等。这也是为什么社交恐惧症常常被忽视或误诊。因为它的出现往往伴随着这些更广为人知的心理疾病，而社交恐惧症本身却常常被误认为害羞、怯场、内向等其他正常的情绪反应。

因此，正确认识和治疗社交恐惧症是一件非常重要的事。在面对程度较轻的社交恐惧症时，自我治疗是一个很好的方法——没有人会比你自己更清楚你自己的情况；但是在面临情况严重的社交恐惧症时，专业的心理医生，专业的心理治疗将是更好的选择，无论是"脱敏疗法"

还是"森田疗法"，或者是具有强烈刺激性的"暴露疗法"，运用在不同患者身上都曾取得不容忽视的治疗效果。

当然，这也少不了患者自身的配合，因为作为社交恐惧症人群，你知道自己有多么盼望能跟同学、同事从容地交流，你冷漠的背后，是对正常人际交往的热烈企盼。所以试着放下心防，试着正视你的社交恐惧症，没有人是一座孤岛，不论你的社交恐惧症是来自童年的阴影，还是成长中的自卑，请记住，关于社交恐惧症，最好的疗愈，是自我的成长。

世界那么大，我们的生活那么精彩，你又怎么舍得让自己被恐惧支配，活成一匹独狼？

目　　录

Contents

第七章 你可以为自己打开一扇窗

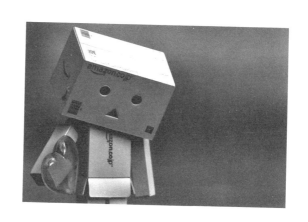

第一章

有一种恐惧叫社交恐惧

在恐惧症的大家族中，社交恐惧症可以算是危害性极大的一种。它不同于普通的恐惧症，因为它会将患者与人群远远地隔离开来。这对于身为社会性动物的我们而言，是一种毁灭性的伤害，它剥夺了我们每个人都不能缺少的——人际关系。也正因如此，对于社交恐惧症患者而言，留给他们的快乐时光实在是屈指可数。于是，越来越多的社交恐惧症患者走上了抑郁的道路。

在本章中，我们将分为何社交会成为一种折磨、社交恐惧症的心理特征、社交恐惧症你有吗？遇到这些情况该怎么办？这四个小节来对社交恐惧症进行简单解读，让读者对社交恐惧症有一个初步的认识。

1. 为何社交会成为一种折磨

人是需要社交的群居动物，而你却偏偏是个例外。

在人类社会中，人与人之间的社会交往占着极其重要的地位，也可以说，在人的一生，我们就是在与各种人不断发生联接中度过的，我们在这种交往中收获成就感、收获爱情、收获朋友……但是有时候，因为社交恐惧症作祟，原本正常的社交却会发展成为一种"酷刑"。

其实，对于社交怀有畏惧、紧张情绪都是正常的，我们也都曾在一些社交情景中或多或少感到不自在，这种情景有可能体现在公开演讲时的惴惴不安，或者是与领导初见时的局促……从心理学的角度来讲，这样的情绪是再常见不过的。但是，当这种情绪发展到严重干扰生活心理状态时，那就是一种心理障碍了，在心理学上我们称之为社交恐惧症。社交恐惧症是指对特殊的人群发生强烈恐惧紧张的内心体验和出现回避反应的一类恐慌症，故又称为"见人恐惧"。这类病人平时不接触人群，见到自己父母等熟悉亲近的人，无恐惧紧张现象。一旦遇到陌生人、异性、上级领导甚至马路上的行人就会恐惧紧张，出现拘束不安、焦虑不宁、手足无措、面红耳赤、心悸出汗、头昏呕吐、四肢颤抖等身心异常反应。同时本人想方设法加以回避，脱离现场，躲避人群，以求减轻心理不安。社交恐惧症如不及时治疗，症状会逐渐加重，最后发展到不敢外出，拒绝出席一切群体社交活动，内心异常痛苦忧郁。在社交恐惧症的支配下，我们的内心还会被其他诸如尴尬、羞耻、压抑等负面情绪所笼罩，就这样，无力排遣的恐惧感会如吃人的怪兽一般一点点将我们吞噬。

　　江华是在南方一个省会城市上的大学，毕业后独自一人来到了北方工作，因为刚刚过来不久，他没有相熟的朋友，也还在适应北方的生活。最近江华感到非常烦闷，因为在与同事接触时，他总会感到心跳加速、呼吸困难、头晕、惊慌失措，他不敢在办公室走动，因为他总觉得自己的走动会引来其他同事的关注；在沟通工作时，他宁愿选择社交软件与同事联系，也不愿意与同事面对面交流——如果可以选择的话，他更希望一点交流都不要出现；他排斥开会，担心领导让他发表意见；他不想跟同事一起吃饭或聚会，他总觉得别人在背后对他指指点点……上学的时候，江华也并不开朗，总是独来独往，但是他觉得这是个人习惯，那时候并没有觉得跟人交往是这么痛苦。慢慢地，对于他来说，上班也是一件折磨人的事儿。每天早早醒来就躺在床上拖时间，不想出门去上班，总是在想如果能辞职该多好；如果能在家里工作、不用到公司坐班该多好……

从这个案例中，我们可以看出，江华已经患上了中度的社交恐惧症，对于正常人际交往的恐惧已经达到了病态的程度。如果再逃避下去，很可能会变成逃避社会交往、隔离人群的重度社交恐惧症患者。

是的，面对社交恐惧，我们往往会产生"逃"的想法，"逃"是人在面对害怕、恐惧的事物时本能的做法。但是，逃避这一做法对于其他恐惧症或许有暂时避免刺激的效果，但是对于社交恐惧症患者来说起到的很可能是反作用——它让社交恐惧症患者产生了强烈的自我否定意识和羞耻感，看着别人在社交场合呼朋引伴、侃侃而谈，游刃有余地处理各种问题，而自己却犹如落荒的逃兵，不战而逃。一时间，挫败、消极和羞耻感让我们自觉痛苦难堪。这恐怕就是社交恐惧症最令人痛苦的地方了。

这样的描述并没有夸大事实。在现实中，社交恐惧症所带来的痛苦与无力感其实更严重。不仅如此，为了缓解社交恐惧症给自己造成的干扰，社交恐惧症患者有很大概率选择酗酒等方式来麻痹自己，长期笼罩的压抑感、靠酗酒或其他方式来麻痹自己的无力感……这无疑不是对一个人自尊心的摧残。

而最可怕的是，社交恐惧症在生活中常常会被人们忽略。为什么会出现这样的情况呢？人类的历史长达300万年，而人类对内心世界的探索历史却只有短短几十年，很多非专业人士都对心理疾病了解粗浅或者一无所知，更多的时候还会产生误解，用歧视的眼光看待患有心理疾病的人群。更何况，恐惧社交成疾往往是令人难以理解的，也会给社交恐惧症人群带来难以言喻的羞耻感，他们羞于向周围的人坦承自己的心理障碍：试想一下，我们在生活中经常听人说"我有恐高症，不能站在窗边""我是密恐，别让我看什么空手指的图片"，你什么时候听到有人说"我有社交恐惧症，害怕跟人说话，不敢在人前出现，有聚会千万别叫我"？社交恐惧症患者的自我压抑往往会加重心理障碍，如果能够对自己和亲近的人承认自己在社交中容易怯场、害羞，可能心理压力就会小很多。

2. 社交恐惧症的心理特征

你知道吗？社交恐惧症常常与抑郁相伴。

社交恐惧症，通常表现为恐惧社交场合、恐惧与人接触，并伴有较低的自我评价，恐惧外界负面评价，这是一种心理疾病。社交恐惧症患者在人际交往中，明显存在焦虑、紧张、恐慌与逃避等情绪和行为，但是也不能完全用这一点来判定一个人是否是社交恐惧症患者。通常心理学界会用更加专业的测试，来对社交恐惧症患者的心理进行分析。常见的两种对社交恐惧症患者心理特征的测试就包括：艾森克人格问卷以及自动思维问卷。

艾森克人格问卷（EPQ）

艾森克人格问卷的英文全称为Eysenck Personality Questionnaire，因而也简称为EPQ，是由英国心理学家H.J·艾森克提出的，其主要内容为人格结构层级以及三维度人格类型说。在艾森克先生看来，人格系行为与行为群的有机组成，其最底层由无数可观察的具体行为共同组成。此外，他还整合了众多与人格有关的特征，并将它们分别归纳形成三大维度：内外向、情绪以及心理变态倾向。

在心理学上，EPQ拥有较高的可信度，它所测得的结果与多种心理学实验研究结果十分相近，因此，大多数人会将其作为人格维度的验证依据。现在，EPQ测试分设为成人及青少年两种问卷；测试中含有4个量表，即E、N、P、L（内外向、情绪性、精神质以及掩饰性）。

受测者只需要根据自身实际情况，对各量表上的问题进行"是或否"的回答。总结各量表的总分，并依据常模换算算出标准分T即可得到自己的个性特征。在EPQ测试中，标准分T以38.5、43.3、56.7以及61.5分为界：38.5以下或61.5以上者为该量表的典型；得分区间在43.3到56.7者属于中间型，在38.5到43.3或56.7到61.5这两个区间的人表现为倾向型。

在对社交恐惧症患者进行EPQ测试时发现，患者们的E分普遍在43.2±6.3，N分在59.3±5.9的范围内。从这一数据分析来看，社交恐惧症患者可能有焦虑、恐慌、郁郁寡欢、抑郁等心理特征。

自动思维问卷（ATQ）

自动思维说的是人们脑海里自动出现的一些消极想法，这些想法往往与人们的自我评价以及他人的评价有密切关系。在自动思维问卷（The Automatic Thoughts Questionnaire，简称ATQ）中，人们可以对自己的生活环境、自我形象是否具备负面自动思维以及其程度有大概的了解，量表的得分取决于受测者最近一周消极思想以及情绪低落的频率。

　　总而言之，ATQ的所有问题都是关于抑郁消极的体验，对受测者近一周的30种不同想法的出现频率进行统计，若频率越高，则抑郁情绪越明显。ATQ整个量表的分值在30～150之间。据ATQ的原始资料显示，受抑郁困扰的人的评分是79.6±22.3，而没有抑郁情绪的人的评分则是48.6±10.90。而对于抑郁的临界值并没有清晰的定义，在对社交恐惧症患者进行ATQ测试后，可以得到他们的总分为64.7±13.9。从与原始资料的评分对比上来看，社交恐惧症患者有明显的抑郁倾向。

　　除了上述的心理特征外，在与大量社交恐惧症患者进行谈话的过程中，我们也不难从社交恐惧症患者身上总结出以下心理特征：完美主义、敏感、多疑、严肃、恐惧他人的负面评价、不自信、缺乏应变能力、恐惧抗争、坚持原则、勤恳、不善于思考、厌恶不讲道理的人，并且偏向于喜欢更加宽松、安全的氛围。

3. 社交恐惧症你有吗?

世界上没有毫不胆怯、羞涩、脸红的人，只不过程度不同，持续的时长也有所差别罢了。

在这个世界上，有各种各样的人，人与人的精神世界也有着巨大的差异。有的人喜欢交际、喜欢聚会、喜欢与形形色色的人打交道；有的人却厌恶社交，惧怕表现自我，在社交场合容易陷入剧烈的恐慌之中。前者在社交中得到愉悦和满足感，后者在各种社交情景中，就只能感受到恐慌与排斥。

小王今年35岁，是一位工程师，平时西装革履，是一个十分潇洒的年轻人。大学毕业后就一直活跃在建筑工地上。5年前他开始承包一些大型建筑工程，事业蒸蒸日上。可是3年前，在一次同学聚会后，小王开始变得容易紧张，怕见陌生人，而且在公众场合会害羞，不敢与他人交往，尤其是参加工程洽谈时更是如此。因为说话时面部表情不自然，常感到脸红、心跳加快、表达困难，所以不敢与客户对视，这直接导致很多工程项目的丢失。虽然表面上小王还能支撑着，努力不让别人察觉，但是他内心的紧张、焦虑令自己万分痛苦。后来每遇到这样的场合他就想回避，但大多数情况下又回避不了。因此小王担心是自己的身体出了什么问题。

小王的情况属于典型的社交焦虑症。所谓的社交焦虑症，是近几年来在世界范围内研究较多的一种心理疾病。这个名称是由美国心理学家最早提出的，目前在世界各国精神疾病的诊断标准中，它已经作为一个独立的疾病单元而存在。小王在日常生活中都戴着墨镜，为的是掩饰自己的紧张。他也做了大量的身体检查，并做了相应的化验，包括心电图、脑电图等等，却没有发现任何躯体疾病。小王还专门做过心理学的焦虑、抑郁等量表测试，根据测试的结果，专家告诉他，他患了"社交恐惧症"，而且症状比较典型。

作为一种心理疾病，社交恐惧症对人的危害非常大。社交恐惧症人群在看待社交、群体时，往往会有很严重的负面情绪。他们很难参与到与他人的交流中，也很难融入群体里。特别是当处于人群中时，他们中有些人会有强烈的不舒适感——他们害怕成为别人关注的焦点，也害怕被别人看轻，还害怕自己与群体格格不入……大多数社交恐惧症患者还可以正常生活，只是生活质量也严重降低了，毕竟强迫自己每天都要去做自己恐惧的事，也是一件很痛苦的事。

如今，社交恐惧症已紧跟在抑郁症和酗酒之后，成为全球排行第三的心理疾病，并且随着现代人生活压力愈来愈大，罹患社交恐惧症的人数也有愈来愈多的趋势。如果一个人长期被社交恐惧症困扰，那么对其身心发展、人际交往以及工作生活等都是非常有害的。

若想了解自己是否患有社交恐惧症，我们不妨通过以下三个问题来进行自我测试：

1.你是否会因为在与他人交流时感到害羞，而逃避沟通，或者不愿做某事？

2.你是否害怕成为别人关注的中心？

3.你是否过分在意他人对你的看法？

如果上述的三个问题中，你有两个或全部的问题选择了"是"，那么你很有可能患上了社交恐惧症，而如果社交问题会让你对与人交往感到痛苦，抗拒与人接触，总是选择一个人躲在家里，那么你可能需要专业的心理干预了。

但是，不用因为身患社交恐惧症而感到害怕，也不需要为此而感到羞耻。因为，每个人在面对社交时，都会或多或少地怀着一定的恐惧感。只不过，社交恐惧症的恐惧感比一般的社交恐惧更强烈罢了。

举个例子，如果要求两个害怕在公开场合演讲的人，再次在公开场合进行演讲，其中那个患有社交恐惧症的人可能会感到崩溃，可能出现剧烈颤抖、抽搐、浑身冒冷汗，甚至于出现晕厥的症状。

并且，在结束演讲后这样的恐惧感和恐惧反应也没能彻底消失，他会在脑海中时不时地重演当日的情景，并且为自己的表现而感到羞辱、耿耿于怀；而另一个只是有正常社交恐惧的人可能只是有结巴、声音略颤抖等轻微的反应，并且当演讲结束后，他会感觉身心放松，当众演讲的一幕很快就会被丢到脑后。

所以，并不是只有社交恐惧症患者会对社交感到恐惧，只是相对于普通人恐惧程度更激烈罢了。因为社交恐惧症而感到羞耻，或是觉得自己是个异类这样的心态是不必要的，它只会让你在受恐惧症之苦的同时，还要背负上沉重的心理负担，而在治疗社交恐惧症时，心态调整比任何治疗手段都要重要。

4. 遇到这些情况该怎么办？

提前做好准备应对各种突发的社交状况，你将更有信心面对社交场合。

对于社交恐惧症患者而言，每次参与社交场合都像上战场一样，在"上战场"之前，他们会各种纠结，然后在脑海里反复排练可能遇到的各种场景。单单他们自己脑补可能出现的各种问题就已经足够让他们惊慌失措了，如此一来，就更加提不起勇气真正去面对社交场合了。但是，各种突发状况，说来说去也就那么几个，如果你已经提前想好了应对策略，又还有什么好害怕的呢?

如果不小心说错话了，该怎么办

在很多人心里，说错话是一件非常严重的事情，社交恐惧症患者尤其如此。在社交场合，说错话确实很让人难堪，有时还会带来不可预料的后果，但是说出去的话，如同泼出去的水，覆水已难收，事后再纠结也毫无意义。如果你一直担心会在人前说错话，那么我们不妨想一想，如果发生了这样的事情，该如何应对。最简单明了的莫过于直接说："对不起!"机智一点的，可以用自嘲的办法挽回，比如，"今天嘴不听使唤，简直是不知所云了"；当然，也可以幽默一点说："对不起，请允许我启动时光倒流。"当然，如果那个错误无关紧要，只是一个小小的口误，那么，你也可以选择直接跳过不再提，这样就可以了，并不需要过分介意。

因为说错话是每个人都可能犯的错误。在很多情况下，别人可能并未在意，甚至可能根本没有发现，而作为当事人的我们，却牢牢地记在了心里，并因此无比纠结。遇到说错话的时候，最重要的是保持镇定，如果惊慌失措很可能就会越描越黑、说多错多。这样的话，倒不如让说出口的话成为过去，别人也不会一直将这样的小事记在心里；如果你自己过分纠结，反而会导致事态扩大，最终给别人留下不仅说错话，还不够聪明的印象。

如果突然冷场了，该怎么办

冷场在我们的日常交往中也是非常常见的一种状况：跟不是很熟悉的朋友聊聊天，突然不知道说什么了；陪客户吃饭，说了个冷笑话后，忽然全场一片寂静……不单单社交恐惧症患者，许多人在面对冷场时，都会感到尴尬、不知所措，但是只要想想办法，挽救冷场的局面也并不是一件难事。如果是在公开演讲或主持的时候，发生冷场的情况，那么你就要赶紧灵活地对自己所讲的东西进行调整，或者可以考虑在自己的演讲中加入一些与主题相关的故事、趣事等来炒热现场的气氛，而这些内容应当在上台前提前准备好；假设是在私人聊天中，突然遭遇冷场，那么可以尽快转换一个对方感兴趣的话题，或者开个玩笑活跃一下气氛，比如，以一个冷笑话"听说突然冷场是有天使路过"来打圆场，并顺势开启另一个有趣的话题。

如果遭遇别人反驳，该怎么办

这也是很多社交恐惧症患者比较恐惧的一种情况，而且这样的情况在社交中出现的概率还很大。不可否认，就是有这么一些人喜欢在公开场合与人唱反调，全然不管对方是否会觉得难堪，遇到这种情况，比较高情商的处理方式就是淡定地对对方的质疑或反驳致谢，然后为了表示尊重也是为了给自己争取一点思考时间，不妨重复一遍对方质疑的内容，最后再有针对性地进行解释；如果实在解释不来，那也还是要保持淡定，然后简单地表示感谢即可。事实上，这个时候因别人的反驳而惊慌失措远远比回应不了反驳更糟糕。

一些社交恐惧症患者觉得自己的语言表达能力太弱，无法应对日常的交际沟通，这可能是事实，也可能是过低评价了自己，无论如何，只要你觉得自己在这方面有不足，就不妨多去阅读——因为阅读能令人充实，能开阔一个人的眼界。在社交场合中，一个人的知识面远比外表和表达技巧来得重要。外表和表达技巧永远只是给谈话内容锦上添花，而非根本所在。试想，如果一个人外表看上去风度翩翩，在与人沟通时懂得倾听、懂得赞美，但他所讲的东西毫无逻辑和水准，没有任何建设性可言的话，那么外表和表达技巧再好又有什么用呢？

【Conclusion】广场恐惧症知多少？

在恐惧症的家族中，有一种恐惧症与社交恐惧症十分相似，那就是——广场恐惧症。

广场恐惧症指的是那些在公共场所的集会和狂欢时所产生的极端恐惧。广场恐惧症患者在一些拥挤、空旷的地方会有紧张、恐惧等情绪，并伴有眩晕、心悸、颤抖、汗流浃背等反应，在严重时，还可能出现晕厥。只有尽快远离这些场景，他们的恐惧感才会有所缓解或消失。这是一种严重且有渗透力的焦虑。患有广场恐惧症只在面对一些热闹的场合的时候，才会表现出这种特定的恐惧感，而对于一些自己感到能够掌控的地方或场景，他们还是可以以愉悦的心情，正常地与人进行沟通和交流的。

从社交的角度来说，广场恐惧症和社交恐惧症有一定的相似性，因为两者通常都是对人群、公共场所有强烈且过度的恐惧感。但是，它们又并不完全相同。因为社交恐惧症往往起源于患者对自己的不自信，对社交场合或对象的恐惧；而广场恐惧症更多的是倾向于一种对场所的恐惧。患者害怕出现在公共场所、空旷的场地、人群密集的地方。并且，一般情况下，只要广场恐惧症患者避开上述那些场所，恐惧就会消失，而社交恐惧症患者却没办法，因为社交无处不在。

不过，在有些情况下，广场恐惧症和社交恐惧症可以处于并存的状态。

第二章

正视社交恐惧症

关于社交恐惧症，人们或多或少都存在着某些误区。很多时候就连社交恐惧症患者自己都不能完全正确看待社交恐惧症。例如，有的人误以为社交恐惧症只不过是内向或者害羞；有的人会将社交恐惧症患者妖魔化；还有的人认为社交恐惧症只是患者的无病呻吟……在很多时候，恰恰就是这些误区阻碍着社交恐惧症的治疗与发展，并且也正是这些误区让社交恐惧症患者在恐惧的泥泽里越陷越深。

本章节本着纠正误区为原则，从社交恐惧症不等于内向或害羞、社交恐惧症是一种病、社交恐惧症给你带来了什么？你真正恐惧的是什么？社交恐惧症与羞耻五个方面对社交恐惧症进行解读，深度还原真实的社交恐惧症，带你走出社交恐惧症的种种认识误区。

1. 社交恐惧症不等于内向或害羞

内向是一种选择，害羞是一种轻度恐惧，而社交恐惧症是一场灾难。

很多时候，人们都可能陷入一个误区：将社交恐惧症等同于内向或者害羞。而事实上，社交恐惧症、害羞和内向三者是截然不同的三个概念。

内向从心理学的角度上讲，是一种气质

我们一般将那些语言、思维和情感都指向于内的人称为内向的人，他们的性格普遍表现出安静、不合群、喜欢独处、较为保守、喜欢沉思等特点。当一个人独处的时候，内向者会感到精力充沛，而且总能找到自己的小乐趣；而在与他人相处时，很多时候会毫无精力或者不自在。这一点恰恰与外向的人相反。研究表明，在这个世界上，内向者绝对不占少数，且大多数具有天赋的人都是内向性格的。如我们所见，不少科学家、艺术家都是内向性格的人，他们喜欢并习惯独处，感觉敏锐、情感丰富。在独处的时候，这些人能够独自探索、发现新事物，创造新的东西，例如汤姆·汉克斯、史蒂夫·马丁、海伦·亨特、哈里森·福特等人都是在各自领域获得了非凡成就的内向者。

相较于外向者，内向者有许多优点，例如，他们更擅长处理一对一的关系、做事时他们的注意力更加集中、能够不断反思自己、富有创造力和分析才能——他们绝不是我们误以为的"不友善、呆子、毫无社交能力"。

很多时候，内向者都会被视为容易害羞的人，但事实上，害羞和内向没有任何必然的联系。因为对于害羞的人来说，与人群相处是一种不舒服、尴尬的体验，而内向的人却没有这样的感觉，他们只是单纯地喜欢独处罢了。

害羞是许多人在日常生活中或多或少会有的一种情绪，从我们身边就能找不少这样的例子。

即使是外向性格的人也会在某一时刻因为某事感到害羞，所以一般情况下，害羞是一种正常的面对社交时会感到不自在的心理。通常来说，我们认为害羞会出现在情绪、行为以及心理三个层面：其中，情绪层面指的是出现心跳加速、脸红、结巴等生理症状；行为层面体现在害羞的人往往不会主动与他人交往；心理层面则说的是害羞的人内心出现希望主动与他人接触，却又害怕与人接触的矛盾感。

当然，由害羞引起的症状并不严重，而且我们完全可以克服。但是尽管如此，它还是在一定程度上给人们的生活带来了阻碍，降低了人们的生活质量，很多时候还会让我们无法全力争取自己真正想要的东西。因此"战胜害羞"对于我们每个人来说，都具有十分重要的意义。

不过，如果你因此在害羞与社交恐惧症之间画上等号，那就大错特错了。

因为，社交恐惧症是一种十分强烈的，能够给人的人际交往造成极大障碍的极端恐惧。

社交恐惧症已经不像害羞一般处于正常且可控了，社交恐惧症患者会因为社交给其带来的巨大痛苦而更加倾向于逃避——逃避人群、逃避社交等。如果说，社交对于害羞的人而言是一个挑战，那么对于社交恐惧症患者而言就如同一场灾难：无论是与他人闲聊，还是结识陌生人，甚至只是简单的日常交际都会导致社交恐惧症患者情绪低落甚至崩溃，他们是如此在意他人的看法、如此希望逃离别人的注目，即使是一个轻飘飘的眼神投来，对于社交恐惧症患者而言都是一个炼狱。

总的来说，我们可以将内向、社交恐惧症、害羞三者的差别简单归纳为下面这样的一个表格：

表：害羞、内向与社交恐惧症的对比表

项目	害羞	内向	社交恐惧症
对社交的恐惧程度	轻微恐惧，较少转变为恐慌	不恐惧	极度恐惧，常常演变为恐慌
是否逃避社交	有限逃避社交	不逃避	频繁逃避社交
是否对社交情景感到焦虑	中度焦虑	轻微焦虑或不焦虑	严重焦虑
是否影响生活质量	中度影响生活质量	轻度或不影响生活质量	严重影响生活质量
对社交担忧程度	因抑制而偶尔感到担忧	极少担忧或不担忧	因脆弱而频繁感到担忧

从上表中，我们能够更加直观地感受到：内向、害羞与社交恐惧症三者之间确实存在较大的差别，三者之间绝对无法画等号。

2. 社交恐惧症是一种病

社交恐惧症是一种病，但它也只是一种病，不是一只怪兽。

社交恐惧症产生的因素有很多，也很复杂。有的人生来性格内向，内向的人在青春期过程中如果不注意调整心理状态，就会变得惧怕与人交往，容易使自我评价降低，从而引发社交恐惧。此外，严重的就会发展成为社交恐惧症。

社交恐惧的产生可能是心理缺乏自信或出现自我认同

的问题，在缺乏一般人应有的自信心的情况下，总觉得自己不如他人，也会主观地担心别人会瞧不起自己，因此干脆不参加任何有陌生人在场的活动。患者一般自尊心较强，害怕被别人拒绝或者对自己的外貌没有信心。也有家庭原因，如，从小性格受到压抑或者是父母没有教会他们社交的技能，或者是家庭搬迁过于频繁。也有人是因为性格比较孤僻，不愿与人谈心。

　　具有社交恐惧的人在大多数场合都是作为听众，默不作声，以免引起别人的注意。追求完美是社交恐惧症患者所具有的共同特性。他们不允许自己在行为中有一点点破坏自己完美形象的现象存在，随时地检查自己的行为中是否有有损形象的表现存在。

　　由此可见，社交恐惧症患者较为内向的性格和较为循规蹈矩的生活，使他们更易接受中国传统道德观念的影响，而追求完美的个性又使他们相当重视别人对自己有关异性交往的评价，害怕别人的评价不利于自己完美形象的维持。因此他们在交往中时刻提醒自己注意形象，这造成沉重的心理负担，从而在交往中一直担惊受怕。而人的生理心理规律又显示，当人的精力越是集中于某一点时，对这一点的反应就越强烈，越是惧怕出现的现象就越是不断出现。

社交恐惧症人群中大部分人都能够清楚地意识到自己在社交上的缺失。但是，他们无力自救，并因此而对自己产生责备、厌恶、羞耻等情绪。可以说，社交恐惧症所带来的"并发症"比它本身更令人恐惧，也更令人痛苦。其中，最折磨人的一种想法莫过于：我是特殊的，没有人跟我一样"丢人"。

事实上，我们不妨来看看一组数据。在匹兹堡大学医学中心的一项报告显示，美国的社交恐惧症的终身患病率高达13.3%。也就说，每100个美国人中就有至少13人患有社交恐惧症，可见社交恐惧症确实算得上是一种广泛存在的心理疾病，并非某个人特有的隐疾。

　　有实验表明：社交恐惧症患者在某些方面确实与普通人存在不同，他们在对危险与敌意的识别上更敏锐，当社交恐惧症患者看到电脑屏幕上快速闪过的含有危险性的脸庞的时候，他们会表现出比普通人更快更准确的辨别能力；不仅如此，他们在面对一些带有敌意的面孔时，也显得比观察普通面孔要迅速。也就是说，这些社交恐惧症患者在面对人类的面孔时，并不是处于一种盲目敏感的状态，他们确确实实能够迅速感知到危险的存在——毕竟对于我们而言，一张具有敌意的脸往往可能意味着一些潜在的言语或身体上的风险。如果我们能够对这个时候的大脑活动进行研究的话，很快就能发现在观察这些带有敌意和轻蔑的脸庞的时候，社交恐惧症患者大脑中的杏仁核处于一种高度活跃的状态。

　　所谓的大脑杏仁核是依附在海马末端的、呈现杏仁形状的一片区域。在对清醒的人类或动物的杏仁核进行刺激的时候，我们可以发现，他们很容易产生焦躁、恐慌、愤怒，逃避甚至是攻击性的行为。也就是说，当感知到危险的时候，我们自然而然地就会感受到恐慌。在面对一些带有敌意的人（有些时候或许也是我们自身臆想的结果）的时候，理所当然也就会产生恐惧感，社交恐惧症患者在这一方面表现十分突出，他们会认为周围的人都会关注到他的糗态，并对他怀有蔑视的态度。

在对社交恐惧症有了一定的了解之后，我们可以肯定：社交恐惧症确实是一种病态的恐惧，但和神经病或者精神类的疾病又有着显著的区别：精神类疾病患者的意识往往是不清楚的，所做出的行为也是无意识的；而社交恐惧症患者不同，他们清楚地知道自己的心理状态的异常，只是无法控制自己的过激反应，在面对恐惧时，他们往往选择逃避，而不是攻击。

3. 社交恐惧症给你带来了什么？

我害怕这个世界，因为我不再相信自己。

社交恐惧症让人与快乐的交流机会失之交臂；社交恐惧症让人无法再享受满足社交本能的乐趣；社交恐惧症让人失去了朋友，也失去了生活……社交恐惧症让人失去了这么多，它究竟是怎样对我们施加影响的呢？

过度自我关注

社交恐惧症患者在其社交生活中常常会陷入这样一个误区：极度自我关注。需要注意的是，这样的自我关注并非来源于自恋，通常是来源于自卑，并且这种自我关注常常会给他们带来严重的困扰。正是因为他们对自己的情况十分了解，因此总是能在第一时间关注到自己的情况变化。例如，一个口吃的社交恐惧症患者在与人交谈时，可以很快且明显地感觉到自己开始犯口吃的毛病，在这样的情况下，他们的注意力就会集中到：别人是否会在意我的口吃？我应该怎么摆脱现在这种尴尬的局面？这两个问题一直盘旋在他的脑海中，反反复复，挥之不去，导致他们再也无法正常地继续交流下去。

敏感又自卑的个性，让他们对自己所表现出来的"窘状"耿耿于怀，并且认为这样的表现会招致别人的轻视和嘲弄。这样的情况在赤面恐惧症患者的身上非常明显。

过度自我反省

事实上，对于社交恐惧症患者而言，最大的敌人莫过于自己。比如，我们说人应该懂得自我反省，这本来是一件正确的事，但是社交恐惧症患者往往在这一点上做得过了度：大家可能很难相信，他们对自己的批评会如此冷酷，有时候简直可以说是无情。他们会对自身的各种想法、各种可能出现的导致别人对他们产生不良印象的情况进行反复思考，这样的思考无疑加重了他们对于社交的恐惧。不管何时何地，社交恐惧症总能轻而易举地勾起各种负面情绪，他们几乎无时无刻不在担心自己某件事做得不好，会给别人留下糟糕的印象，会让别人对他们产生不满，会在背后受到指责等。因为思想长期处于负面状态，他们很容易陷入抑郁。这也是为什么社交恐惧症最容易诱发抑郁症。

羞耻感

社交恐惧症除了带来抑郁以外，也常常会带来羞耻感，关于这一点，我们会在后面的章节中具体介绍。这种羞耻感在一定程度上可以算是一种具有毁灭意义的情绪，就算社交恐惧症患者能够躲过我们前面所说的抑郁感的控制，但是在羞耻感长期的作用下，关于自身的一些负面的想法和情绪还是会不断在脑海中反复出现。时间一长，患者的脑海里就会自然而然地前瞻性地带上恐怖的色彩，还没有真正走进社交场合，就已经给自己判了"死刑"了。

愤怒抑制

在被社交恐惧症反复折磨的情况下，患者往往都会有害怕、放弃等极端克制的行为。甚至有的时候，只需要别人一个眼神、稍微抬高的声调、微挑的眉毛……都可能会让他们放弃自己的想法，开始退缩。社交恐惧症患者本身也能够意识到这样的问题，而这种不合理的退缩往往会让人更加自卑和挫败。久而久之，这些自卑和挫败的感觉就会成为他们愤怒的内因。因为长期受到负面情绪的困扰，所以那些身患重度社交恐惧症的人往往会出现埋怨别人的倾向：他们会埋怨父母把他们"生养"成现在的模样；他们会埋怨社会上其他所有比他优秀或是看似比他优秀的人；他们也会埋怨那些谈话对象在言语间流露出的不尊重（当然，这更多是出于他们自己的主观臆想）；他们甚至会埋怨一个擦肩而过的陌生人：他的眼神真令人讨厌……这些埋怨与愤怒往往都被他们压抑在心里，而我们知道，压抑其实并不是一件好事，相反，如果能够以合适的方式宣泄出来对于他们缓解社交恐惧症有着较好的帮助。

总而言之，社交恐惧症其实很多时候还是一种不断自我猜忌与否定，它给让人们带来的各种负面的情绪比它本身更具有危害性。这也是社交恐惧症患者往往会在心理上表现出各种其他的心理疾病的原因。

4. 你真正恐惧的是什么？

有些别的方面其实远远比社交本身更令人恐惧。

谈起社交恐惧症，往往人们给它的定义都是：恐惧社交，面对一些或者所有场合都有严重的恐惧感及自主神经性反应。但是有没有人认真想过：恐惧症患者真正恐惧的究竟是什么？

别人的负面评价是我难以逃脱的囚笼

在很大程度上，社交恐惧症患者对他人的评价有一种过度的关注，这一点在赤面恐惧症和口吃恐惧症患者身上体现得尤为明显。一个赤面恐惧症患者在与他人面对面交流的过程中，会默认自己已经脸红，并且对方已经注意到了他的窘况，这让他们十分难以接受。"他是不是已经发现我脸红了""他一定会因为脸红这件事瞧不起我""脸红真丢人"……种种念头在脑海里盘旋，以至于他们对社交也产生强烈的恐惧感，因为害怕别人对他会有任何负面的评价，害怕别人的嘲笑与轻视。口吃恐惧症患者也有相同的苦恼，他们会因为自己口吃的毛病而不断埋怨自己，在说话时还会刻意关注别人的表情与态度，而这样的关注往往带有扭曲的色彩：一个正常的眼神在他们看来可能带有轻蔑的意味；一个安抚的微笑在他们看来更可能是一种嘲笑——与其说社交让他们恐惧，倒不如说社交放大了他们的自卑心理，将他们困在别人的评价中无法脱身。

恐惧比恐惧症更令我害怕

众所周知，有些时候社交恐惧症会带来一些无法控制的植物神经上的反应，包括颤抖、流汗等。如果用科学的、客观的眼光去看待，这些反应尽管有的是过激反应，但是也有很多是在正常的范畴之内的。但是在社交恐惧症患者看来，却并非如此，他们往往会将自身所有的反应都视为不好的反应。也就是说，社交恐惧症患者往往更加介意自己因为恐惧所产生的各种条件反射或者反应。这些反应让他们觉得自己与他人有异，事实上，他们对社交的所谓恐惧远不如对自己的恐惧症的恐惧来得强烈，换句话说，他们最恐惧的其实是恐惧本身，而他们自己往往很难发现这一点。

对过去的恐惧

大部分社交恐惧症患者都有一个习惯：反思。他们常常会在脑海里对自己过去的社交行为和细节进行反复的重演与反思。有人可能会说：反思过去的错误不是一件好事吗？对于普通人可能如此，但是对于社交恐惧症患者来说，这样做的负面效果远大于正面效果，其危害性就在于，情景在脑海中再现时，部分细节、瑕疵会被无限放大，于是他们在头脑中又经历了一次当时的羞辱或难堪，长此以往，他们对于社交会感到更加难以接受或更加难堪，不仅如此，这种对过去的恐惧还会导致他们在下次社交活动开始前就彻底失去信心，产生无尽的恐惧感。事情就是这样，很多时候，越关注，则犯错的概率越大，因为过分注重某一细节，而导致无法顾全大局的情况比比皆是。这样的矛盾给社交恐惧症患者带来的只会是更深切的自我伤害，久而久之，他们会走上自我封闭的道路，而无法再次融入社交环境中。

所以，要想对社交恐惧症进行治疗，首先自己要摆正心态：正视别人的评价，而不过分重视。没有任何一个人能做到让人人都满意，我们大部分人只需要做好自己就足够了；有恐惧心理是正常的，因为恐惧而出丑也是正常的，你的过分在意只会让你失去平常心，在人前过分紧张，进而更容易出糗。正视过去。每个人都有不完美的回忆和过去，如果你一直抓着过去的瑕疵不放，那么，你将永远都无法拥有美好的未来，而且你的未来将会一直笼罩在过去的阴影下。只有摆正了自己的心态，社交恐惧症治疗起来才会事半功倍，否则无论有多么好的心理治疗师、多么先进的技术手段都无法挽救你的恐惧症。

5. 社交恐惧症与羞耻

通常情况下，社交恐惧症的出现往往还跟着一位老伙计——羞耻心。

每每说起社交恐惧症，总是要提一提与之相关的其他各类负面情绪。如果你单纯地将社交恐惧症视为一种恐惧心理，而不关注与之相伴的一些负面情绪，那么，你可能很难理解为什么人们通常不愿意提及自己的社交恐惧症。

恐惧，是社交恐惧症的中心，围绕着这一中心，患者往往还会延展出其他的负面情绪，比如，不安、尴尬以及羞耻感等。

沃维纳格曾经说过这样一句话："假设羞耻是出于对可能受到的责备的担忧，那么，羞耻就是确信自己肯定会受到责备。"

在日常生活中，许多社交恐惧症患者都十分害怕得到一些相对负面的评价。当一个社交恐惧症患者确信自己的行为一定会收到负面评价，他心中的恐惧感就会变成更具有摧毁性的——羞耻感。

举个例子，假设一个人患有口吃社交恐惧症，他会对在别人面前出现口吃这件事耿耿于怀，十分恐惧。但是一旦在与人沟通时真的出现了口吃的情况，这个时候他往往已经不会感到害怕了，因为就算害怕也无济于事。要注意的是，这并不意味着他的口吃社交恐惧症得到了缓解，而是他已经从恐惧陷入了另一种更具伤害意义的情绪中，那就是羞耻。羞耻这种情绪往往都是十分持久的，它在事件发生后的长时间内都会让人感到羞愧难当，也正是因为这种情绪的出现，许多社交恐惧症患者都会陷入自我封闭、甚至长期封闭的状态，对下次社交的恐惧也会变得更加严重。

在这里，我们来听听广州一位社交恐惧症患者的独白：

朋友和同学羡慕我在外企做白领，只有我自己知道这份工作对我而言是一种怎样的折磨。我对自己的一切都保持怀疑。每每当我在社交场合受挫时，我就会为自己的表现及行为感到羞耻，这种羞耻感让我只能不断往后退，而无法再进一步与人进行交流。在这样的情况下，我常常会对自己进行反思，自己在人前表现出的各种丑态都会在我脑海中轮流播放，看着自己笨拙、愚蠢的表现，我对自己的厌恶达到了极致。这个时候，我已经没有能力思考了，只能任由这种情绪在我内心蔓延。如果可以的话，我希望在接下来的一段时间里，能够不与任何人接触。因为我无法从自己失败的阴影里走出来。同事肯定无法理解我的行为，在他们看来，我肯定就像一个跳梁小丑一样可笑……现在的我一想到下次社交，就会陷入深深的恐惧和焦虑之中。我多么害怕之前的一切再次重演，我已经无地自容了，更没有脸面面对自己了……

这是一种社交恐惧症患者典型的心理活动状态。这就是我们所说的糟糕情况——社交恐惧症患者会因为羞耻心作祟而变得自卑。

人都是需要他人肯定与自我肯定的，每个人都希望能够在他人面前保持一定的位置，但是，当恐惧症发作时，"在他人眼中的位置"往往会被患者本人默认为摧毁，他们会消极地认为自己在别人心里已经毫无形象可言。于是，在一段时间中，他们都可能会因为这样的社交形象受挫而选择远离人群。从这一点我们也不难看出，在社交恐惧症患者身上，羞耻更像是一种富有前瞻性的恐惧。

此外，羞耻感往往还会连带衍生出诸如不安、尴尬等情绪，这些情绪说到底其实都是一种自我意识的过剩。总的来说，羞耻感远远比社交恐惧症来得更加令人恐惧，其影响也远比恐惧的情绪来得更深重，伤害也更加深刻。

【Conclusion】社交恐惧症患者的行为表现

人类从根本上来讲是一种群居的社交动物。几乎没有人能不与他人或社会发生交往而过着与世隔绝的生活，这种交往会影响他们的心理健康。良好的社会关系可以预防心理问题的产生，而社会关系不良或生活在充满压力的环境中，则容易导致心理问题。大多数人不同程度地会在社交活动中感到不好意思，没有自信。他们在公众面前演讲或与人约会时会紧张、心跳、手抖。不过这些焦虑情绪是暂时的，会很快消失，并不会影响他们正常的生活和学习。但如果这种焦虑情绪不能够缓解并严重影响了他们的正常生活，那他们就遇到了一种严重的问题——患上了社交恐惧症。

社交恐惧症是对人际交往的恐惧。恐惧对象可以是某个人或某些人，也可以是除了特别熟悉的亲友以外的所有的人。患者极力避免与恐惧对象交往，如不得不与之交往，便会脸红、心悸、出汗和颤抖，或者举止笨拙、惊慌失措、忐忑不安。这类人害怕在众人面前出现，特别是对于被人注意尤为敏感：不敢从成排的人面前走过；不敢与别人对坐吃饭；怕见陌生人或异性，因而常常拒绝出席各种聚会；也不愿去可能要与人打交道的公共场所，如商场、餐厅等。

社交恐惧症主要表现为担心在社交场合出丑，也害怕当众表现某种动作；努力回避社交或表演性的场合，如果非去不可，则会极端紧张或者恐惧。具体来说：

1.在绝大多数社交情境里，总是表现出社交焦虑、害羞或胆怯。

2.对他人的批评或反驳过分敏感。

3.除直系亲属之外，没有亲密的朋友或知己。

4.回避某种程度的人际接触情境。知道如此畏惧是过度且不合理的。

5.由于害怕讲话或做傻事，或害怕在别人面前失态，不愿意涉足社交情境。明显害怕在不熟识者面前做出令自己不体面和尴尬的事。

6.社交时出现心跳加快、出汗、口干、肌肉紧张和颤抖等症状。

7.有社交的欲望而得不到满足，由此而产生焦虑、孤独，不敢面对挫折。

8.常以逃避的方式面对社交困扰。在大部分清醒的时候离群索居或单独活动。

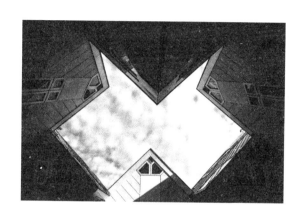

第三章

为什么你活得像匹独狼？

佛说：一切皆有因果。每一种心理障碍都有其出现的原因。社交恐惧症的到来从来都不是意外。即使有的时候，有些社交恐惧症的出现显得特别突如其来，但这也并不意味着它的到来是毫无原因的。相反，它代表着在过去的那段漫长的时光里，你的内心曾经埋下一颗与社交恐惧症相关的种子，并在随后的时光里，由于受到某些因素的滋养，这颗种子慢慢成长最终破土而出，成为你所看到的模样。

本章节将从从生物化学的角度诠释社交恐惧症、是什么成为供养社交恐惧的养分？苛刻的完美主义为你铸了一面墙、社交恐惧会扩散四个方面带你了解社交恐惧症的各种诱因。不去了解，你又怎么会知道，或许在不知不觉中，你就已经触碰到了它的"底线"了呢？

1. 从生物化学的角度诠释社交恐惧症

过多或过少的5-羟色胺都会对社交恐惧症有一定的影响。

在这个世界上，有一些人对人群有着极度恐惧的心理，这让他们对与他人的接触产生厌倦的心理；还有的人在面对异性时，会出现紧张，恐慌的情绪；当然，也有人十分恐惧站在人群中间，因为与人群接触让他们觉得羞怯不安……很多人都将这一类情况视为个人性格方面的问题，但事实上，他们很有可能是患上了社交恐惧症。

　　所谓的社交恐惧症指的是一种由生理、心理以及社会各方面因素共同作用导致的、对社交的焦虑障碍。从生物化学的角度来讲，社交恐惧症可能与一种特殊的化学物质有一定关系，那就是5-羟色胺。近些年，医学界从未停止对5-羟色胺的研究，但由于实验方法、药物类型及给药时间的不同，研究结果也是多种多样。不过，现在普遍认为的是5-羟色胺与抑郁症、恐惧症有一定的关系。

　　5-羟色胺又被称为血清素，它主要分布在人体的消化道黏膜上，只有约1%～2%的5-羟色胺在大脑的松果体以及下丘脑里。这种物质主要是由色氨酸经过相应的酶的作用转化而来，是一种中枢神经系统的传递物质。那么，5-羟色胺和社交恐惧又有着怎样的关系呢？研究显示，5-羟色胺在控制情绪、缓解焦虑、调整睡眠及食欲方面有着一定作用。人体内5-羟色胺的含量不符合正常水平时，人们就容易产生恐慌等情绪。虽然，社交恐惧症还可能与生活环境、不愉快的经历、遗传等因素有关，但

5-羟色胺也无疑在这其中起到了一定的作用。并且从数据上看，患有社交恐惧症的人往往都存在着5-羟色胺失调的情况。

这也是为什么那些心理压力过大，缺少运动，平时少见阳光的人常常是社交恐惧症喜欢"依附"的人群。同样的，体内缺乏维生素B6、B12、C以及叶酸、镁、锌等元素的人也常常会受到社交恐惧症的困扰，并且他们普遍都会有焦躁不安和易怒等表现。因此，5-羟色胺也常常被运用到抗抑郁以及各种恐惧症的治疗中去，在治疗抑郁症和其他各种恐惧症时，调节5-羟色胺是一种值得尝试的方式。

调节5-羟色胺未必一定要通过药物补充，对于个人来说，还可以采用食疗的办法。

在前面，我们也讲到了5-羟色胺的"原料"是色氨酸。一般而言，我们的日常饮食可以为我们补充足够的氨基酸，促使大脑更快地合成5-羟色胺，进而有效帮助我们调节自己的情绪，缓解恐惧感。在日常生活中，含有色氨酸的食物主要包括了鱼、鸡、花生、黑芝麻、羊乳等，除了这些能够产生色氨酸的食品外，还有一种值得推荐的水果——香蕉。香蕉的果肉里不仅含有5-羟色胺，还含有一种能够促进人脑产生5-羟色胺的物质。适当地食用香蕉能够使人感受到平静与愉悦，不仅如此，香蕉所富含的维生素B6、烟酸和镁都是抗抑郁和安眠的绝佳物质。在食用上述食物的过程中，不妨再加入一些碳水化合物类的食品，以促进色氨酸的吸收与利用。

不过值得注意的是，5-羟色胺过多也不是一件好事，因为无论5-羟色胺的量是过多还是过少，都可能引发抑郁和恐惧。并且，5-羟色胺的影响并不局限于抑郁与恐惧，过分调节5-羟色胺还会带来其他多种副作用。因此，在服用调节5-羟色胺的药物时，切忌盲目用药，一定要谨遵医嘱。

2. 是什么成为供养社交恐惧的养分？

逃避不能解决社交恐惧，只会加剧社交恐惧。

说到恐惧症，可能许多人的第一反应都是"逃"，对于社交恐惧症患者而言，这也是他们经常选择的应对方法。虽然从短期的效果上看，回避社交场合确实能在一定程度上避免恐慌的发作，但从长期来看，逃避却是下下之策。

为什么这么说呢？社交恐惧症与其他单纯简单的恐惧症不同的地方就在于——社交恐惧症患者所恐惧的是

我们生活的构成要素。社交无处不在，要逃避社交就等于把自己孤立起来，与人群隔离，不仅如此，逃避的做法还将使得人的性格日益孤僻，思维方式会出现与社会较大的脱节，沟通技巧也会日益退化，社交能力相较之前更弱了。这一切对于社交恐惧患者来说，无疑是雪上加霜。

试想，当人们面临恐惧时，如果每次都选择逃避，那么对该对象的恐惧就将成为一道永远都无法逾越的鸿沟。而每次逃避成功的经验也让人稍稍有所松懈，不愿思考其他应对措施。直到某一天，无法逃避、正面遇上令人恐惧的对象时，突然之间受到的冲击可想而知，所以说，逃避是最消极的应对措施。

除此之外，也有相当一部分人深受自己"逃避"本能的困扰，恐惧以及因恐惧而做出的逃避行为都大大地刺激了他们的羞耻心。他们以此为耻，却又无法把自己从恐惧的泥潭里拉出来——他们不仅被恐惧感折磨着，同时也被羞愧、无助等情绪折磨着。"越逃越害怕，越害怕越逃"，长此以往形成了一个恶性循环。

而且，对于社交恐惧症来说，逃避其实真的毫无意义，且不说现实中的无处不在的社交，在虚拟网络中，社交也一样无处不在，每个人都不可能真正和世界脱轨。

通常而言，我们所说的"不逃避"针对的其实是那些虚无的、恐惧的心理和行为，其核心在于应该从内心建立起"不逃避"的态度。我们面临恐惧时，如果总是选择"眼不见为净"的逃避，那么患者在屡次逃避后，对恐惧对象其实会更恐惧：因为越少接触，则越不了解。

纵观现在的各种社交恐惧症治疗方法，无论是刺激性较大的暴露疗法，还是相对缓和的系统脱敏疗法，又或者是更为平和的认知行为疗法，它们所强调的注意事项中都不约而同地提到了：避免逃避行为的出现。可以说，无论哪种恐惧症，逃避行为都被视为治疗过程中的首要忌讳因素。所以，要想治疗社交恐惧症，首先，你要告诉自己：不要再逃避！只有不逃避才能迎来美好的、健康的未来。

3. 过分完美主义为你铸了一面墙

不必追求苛刻的完美，你可以为不完美的自己喝彩。

正如作家茱莉亚·卡梅隆在《艺术家之路》中所说的"让你止步不前的绊脚石恰恰是完美主义。它是一个封闭的怪圈。在这个怪圈里，你会疯狂沉迷于细节，而完全失却全局观。在这样的状态下，你会感到疲倦、痛苦。"是的，大部分完美主义者的人生是不愉快的。他们无论对自己，或者对他人的要求都非常高，并且十分敏感。每每发现任何不完美时，他们就会陷入无穷无尽的自责、恐慌之中。这也是为什么许多完美主义者患有严重的社交恐惧症。

完美主义者严苛地要求自己做到最好，但是事实上，世界上并没有真正完美的事情，这令他们感到十分苦恼，甚至对自己产生怀疑、厌恶的情绪。从另一个角度讲，完美主义者其实是恐惧失败，他们很容易把失败和不完美联系起来，到头来给自己施加了许多压力。在这样的心理和现实冲突情况下，他们会感到纠结、痛苦，甚至会觉得辜负了大家的期望，或者会惹来其他人的嘲讽。

通常来说，完美主义者自幼所生活的家庭环境普遍都是要求严苛，父母对他们寄予了很高的期望。在这样的环境下成长起来的人会具有这样的性格特征：他们将父母的期待与高要求复制到未来的生活中去。当无法达到"完美"时，他们的心里就会有种挫败感，进而刺激他们更加努力地去改变这种失败的状态，以证明自己的能力。这样做的结果只是导致自己活得十分辛苦。可以说，完美主义是一个非常沉重的包袱，完美主义者除了追求结果的完美外，往往还追求过程的完美，每个细节都要做到尽善尽美。他们在做事情的时候，往往不能确定自己的选择和做法，常常会因为不满意而选择重新开始，但是这样重复的工作除了浪费时间与精力以外，所得到的结果往往也未必能够让他们感到满意，并且还会引起他人的不满——做事过于拖沓，浪费太多时间。

此外，当一个完美主义者在他人的身上发现不完美的地方时，时常会觉得可惜、厌恶、恼怒等。因为过于追求完美主义，所以他们难以接纳这些不完美，并将这些情绪投射到他人身上，进而给周围的人也带来烦躁情绪和压力。完美主义者的人际关系也因此大受影响。还有一种情况是，当完美主义者不能理解自己人际关系的问题出现在哪里，便容易将这些问题归因于自己的不完美。由此而引发了新一轮的对完美的追求，当然很多人也会因此变得自卑，畏惧社交。这样一轮轮循环下来，一部分完美主义者对社交的恐惧就会越来越严重，甚至慢慢演变为社交恐惧症。

当然，完美主义者的性格优点也很突出：做事尽心尽力，心思缜密，并且从不轻易放弃。只是，我们可以在追求完美的同时，接受自己的不完美。这里所说的追求完美也不指追求那些遥远的、虚无的"完美"，而是追求一个个可以达到的更好。并在每次完成追求的时候，肯定自己的努力与进步，在追求下一个目标的实现的时候，对自己之前的不足进行弥补。在这样的良性追求中，既可以做到对自己有所要求，又不至于达到病态追求完美的地步。这其中最重要的莫过于正视自己的不足，接纳不完美，"人无完人，金无足赤"，我们要做的是让自己的每一天都有所进步，而不是每一天都完美无瑕。慢慢地，你就会发现，在追求进步的过程中，你走过了比"追求苛刻的完美"更加美好、令人感慨的路，同时你的人际关系也会得到很好的改善。

4. 社交恐惧会扩散

恐惧症有时候也是一种"传染病"。

社交恐惧症往往令人感到痛苦难受，对正常的生活造成了严重阻碍。其最初的表现可能是紧张、担忧、爱冒汗，发抖等等。到了后面，恐惧就会扩散开来。身患恐惧症的人对自己身边的一切变化的反应都很敏感。他们总觉得四周的人都在观察他，都能发现他的恐惧。于是他们就会变得神经紧张、惶恐不安，接着情绪越来越焦躁，与人交往的能力和效率也受到了极大的影响。在社交恐惧症患者的想象中，他们好像被放置在一个透明笼子里，赤裸裸地被人观察和注视着，因而他们对于自身的表现格外敏感。事实上，这不过是一种错觉而已——生活中，更多的是他在观察别人，而不是别人在观察他。

心理学研究表明，恐惧除了在自身扩散以外，还可能具有一定的可传播性。这是怎么回事呢？原来，人体皮肤可以分泌出一种特殊的化学物质。这种化学物在一定程度上可以将人的恐惧感传递给自己身边的人。不信？我们不如来看看德国杜塞尔多夫大学科学家们所组织的一次特殊试验吧。

这次实验，一共有49名志愿者参与其中。实验的具体操作如下：首先组织49名志愿者中的21名进行一场考试，然后由科学家们用小棉签分别粘取这批志愿者们在考试前一小时内分泌的汗液以及他们在其他时候训练时所分泌的汗液，接着，要求另外的28名志愿者们通过嗅觉判断这些汗液是来源于考前还是来源于训练。实验结果显示，没有任何一位志愿者能够正确地对这些汗液做出区分，但是脑部扫描仪却给出了一个截然不同的答案：志愿者们的大脑里主管情绪与社交的区域对考前所采集的汗液有着更活跃的反应。

无独有偶，美国纽约州立大学斯托尼布鲁克分校研究小组也组织了一个相似的实验：他们采集了40位初次参加跳伞的志愿者在即将跳伞时因恐惧、害怕所产生的汗液以及其他正常运动时所产生的汗液，然后让另一组志愿者闻这些汗液，并用扫描设备对他们的大脑活动进行严密的监控。据监控显示，当志愿者们闻到那些因为恐惧而产生的汗液时，他们大脑里的"恐惧中枢"的活动明显活跃了许多。

由此可见，当一个人在感到恐慌时，所分泌的分泌物含有一些特殊的化学物质——信息素，而信息素可以向周围人传播。尽管周围的人可能并未能有什么明显的直观感受，但是信息素却能够无声无息地促使脑部相应的区域做出连锁反应。

　　除此之外，随着移动互联网的大爆发，微博、微信等社交平台一片繁荣，人人都能在公共网络上发表自己的看法，如果有人在网络上不断诉说社交的恐怖、自己的心理障碍，那么很可能会引起有社交恐惧的人的共鸣，这种意识不断强化，单纯的社交恐惧也会慢慢变成社交恐惧症。

【Conclusion】社交恐惧症有可能会遗传?

通常,我们会将心理健康与先天遗传和后天影响联系起来,社交恐惧症也不例外。作为所有恐惧症中最具有毁灭性的恐惧症之一。近些年来,人们在关注社交恐惧症治疗的同时,也非常关注社交恐惧症的遗传可能性。在对双胞胎进行研究后,专家发现同卵双胞胎的社交恐惧症同病率(遗传同病率,指的是双胞胎中某疾病或性状的一致性)为24%,而异卵双胞胎的同病率为15%。在对社交恐惧症患者进行大量对比测试后,我们发现这样一个规律:一个孩子的直系家属中如出现社交恐惧症,那么,孩子患上社交恐惧症的概率远远高于那些直系亲属都没有社交心理障碍的孩子。也就是说，遗传因素在一定程度上确实会对社交恐惧症的出现有所影响。

科学研究显示，人体内有一种基因（SLC6A4）与传输血清素有着密不可分的关系，这种基因也会对社交恐惧症的出现起到一定程度上的推动和影响。

综上所述，社交恐惧症确实是存在一定的先天遗传因素的，但是无须为此过分恐慌，因为一般而言，遗传因素只是为社交恐惧症提供可能性趋势和方向，并不代表一定会引发社交恐惧症。我们只能说，有相关遗传的人比一般人更容易患上社交恐惧症罢了，而事实上，是否会患上社交恐惧症，后天环境、偶发事件的影响更为巨大。

第四章

这些都属于社交恐惧症

恐惧一切社交场合的人一定是社交恐惧症患者，但是反过来，社交恐惧症患者未必是恐惧一切社交场合的人。事实上，就像这个世界上存在着各种各样、截然不同的物种一样，社交恐惧症患者的世界千奇百怪。不同的社交恐惧症所对应的恐惧对象也大有不同。

在本章节中，将为你展示的是社交恐惧症的大世界。你会从中看到一般恐惧症与特殊恐惧症、赤面恐惧症与口吃恐惧症、来自性别的挑战：异性恐惧症，还有谁在偷看我：余光恐惧症。它们的名字都叫——社交恐惧症。当你认识了这些恐惧症，也就能理解：为什么你所见到的社交恐惧症患者们不全都一个样了。

1. 一般恐惧症与特殊恐惧症

很多时候，社交恐惧症就像一场灾难。

在这个世界上，有着各种各样的社交恐惧症：有的人害怕站上讲台；有的人恐惧与陌生人接触；有的人害怕在别人面前出糗……社交恐惧症的分类也是多种多样的，最常见的分类方法是：将社交恐惧症分为一般社交恐惧症以及特殊社交恐惧症。一般社交恐惧症与特殊社交恐惧症的本质区别就在于恐惧对象是否有特殊性。

1.一般恐惧症

一般恐惧症指的是：无论在什么环境和情境下，患者都会担心自己成为别人的注意对象。在他们眼中，周围的所有人都可能在观察他。因此，在公共场所出现对他们来说是非常痛苦的。以致他们害怕遇见陌生人，也害怕在餐厅、商场进餐或者走动。除此之外，他们还很害怕和其他人发生争论。要想他们站出来捍卫自己的权利更是难上加难。

如果有人患了一般社交恐惧症，在任何地方，任何情境中，他都会害怕自己成为别人注意的焦点。可能会感觉到周围每个人都在看着自己，都在观察自己的每个动作。患者害怕被介绍给陌生人，甚至害怕在公共场所进餐、喝饮料，所以患者会尽可能回避去商场，也尽可能回避进餐馆。

这类社交恐惧症患者有的是因为在先前的社交中遇到过挫折、失败、嘲讽或者拒绝，这些社交受挫的情况给他们的内心留下了阴影；有的则是因为对别人怀有强烈的不信任感；还有的是因为在社交过程中时常感到自卑，怕被周围人轻视……其成因往往可以区分为受挫、防备以及缺乏自信三大种类。

2.特殊恐惧症

特殊恐惧症指的是：患者对于某一类特定的情景或者场合有着过度恐慌的感觉。例如，他们恐惧在公开场合说话、当众表演节目等。但是面对其他的社交场合时，他们又和普通人一样，没有任何异常，也不会感到害怕和恐慌。只要他们不面对所恐惧的特殊场景，别人是无法看出他们是否患有社交恐惧症的。也正是出于这一原因，许多人可能会把特殊恐惧症与怯场混为一谈。

对此，我们可以通过恐惧感的出现与消失对比来做区分。以对演讲这一情景的恐惧为例：大多数人在公开演讲之前都会感到十分害怕。但是普通人在开始自己的演讲以后，可能会出现越讲越轻松、恐惧感迅速消失等情况，并且在演讲过后会有放松感。他们的恐惧感往往是在临近演讲前达到封顶值，而后便呈现缓慢下降的趋势。但是，对于特殊社交恐惧症患者而言，公开演讲简直就是一场折磨：他们会在演讲前感到剧烈的恐慌，并随着演讲的进行，恐慌进一步加剧。即使演讲结束，他们也还是沉浸在巨大的恐慌之中，更多的时候，他们还会不断地回想自己在演讲时的一些细节，并且这样的恐慌往往还会转变为深重的羞耻感。

从上述的描述中，我们不难看出，日常生活中，一般社交恐惧症比特殊社交恐惧症对患者阻碍和影响更大。但是，在躯体症状方面，这两种社交恐惧症却又表现出惊人的一致性：患者可能会自觉出现口干、冒汗、心悸、尿急等情况；而在外人看来，他们所表现出来的一般都是脸色发红、口吃、轻微颤抖等。当患者发现自己出现后上述的症状时，他们会立刻陷入恐慌状态，恐慌平复后，他们又会对自己的行为感到十分沮丧。于是，在往后的社交生活中，就会表现出明显的回避行为。

2. 赤面恐惧症与口吃恐惧症

一面害羞、怯懦、自卑，一面强迫自己改变，这就是我。

人们对于自己的"外在形象"向来都很介意，都希望自己能够以一种令人满意的形象出现在众人面前，社交恐惧症患者尤其在意这一点。因此，在社交过程中，他们经常会因为过分在意而表现得紧张、不安、满脸通红、口吃等，这些情绪和表现在一定程度上对人们正常的人际交往造成了阻碍。但是正常情况下，却并不至于将他们从人群中隔离开来。而在患有社交恐惧症的情况下，这些不好的表现却已经足以摧毁一个人的社交。在社交恐惧症中，赤面恐惧症与口吃恐惧症都是非常常见的特殊类型的社交恐惧症。

赤面恐惧症

从心理学的角度上讲，赤面恐惧症兼具了社交恐惧症以及强迫症的障碍特点。其表现为：患者在别人面前容易脸红。事实上，他们心里很清楚这并不可怕，也希望自己能够改变，能跟其他人一样在社交场合表现得从容大方，然而他们却始终都做不到。有的时候，在和一些相对陌生的人聊天的时候，他们会突然出现心跳加快、面红耳赤的情况。在这样的情况发生的瞬间，他们自己就已经非常敏感地察觉到了。并且在此期间会不断给自己灌输"别人也注意到了自己的窘况"的想法。往往在这个时候，他们又开始为自己脸红的事情感到恐慌，认为别人会因此而嘲笑并轻视他们。

赤面恐惧症患者的脑海里常常会发生自我斗争：一方固守着害羞、胆怯的性格；而另一方则疯狂地强迫自己去改变。因此，他们往往都会觉得社交、生活都是一件非常沉重且令人恐惧的事情，一般来说，这类社交恐惧症和患者自身敏感的性格脱不了干系。

口吃恐惧症

口吃恐惧症患者往往有这样的表现：他们在独自进行朗读等活动时，通常都不会出现口吃的现象，但是当他们在和别人进行交谈时，却经常出现口吃以及前言不搭后语等情况，导致聊天无法正常进行。不仅如此，他们也无法在别人面前打电话，无法参与聚会，无法单独和不认识的人相处，更无法在有别人注视的情况下工作。否则就可能出现恐惧、焦虑的情绪，还时常出现心慌、发抖、窒息等症状。对于这样尴尬的窘状，口吃恐惧症患者常常感到害怕，甚至认为自己是个有缺陷的人，终日因此而苦恼。

来自西南某省的职场新人张科，毕业后一走入职场就发现了自己的口吃恐惧症，他是这样讲述他的苦恼的：

在许多人眼里，聊天是一种沟通方式或者休闲方式，然而对于我而言，却更像一场考试。我并不在意自己所说的东西是否符合逻辑，也并不在意自己是否能够听懂别人所说的，我只在意我是否口吃，是否能够证明我并不口吃。不管怎样，只要我能顺利将自己想说的，完整、顺畅地说出来，我就满足了，否则我就会陷入一种自我否定的痛苦之中。

从这些话中，我们会发现，口吃恐惧症患者所恐惧的并不单单是那些社交对象、环境或情境，还包括了对口吃的恐惧。也就是说，口吃恐惧症患者的具体病症常常是因恐惧口吃而起，他们对口吃的恐惧感还和具体的社交情景、对象有关。例如，部分口吃恐惧症患者在家人、好友、同学面前很少会犯口吃的毛病，但是当他们面对陌生人或者上级领导时，口吃的毛病就会跑出来干扰他们的谈话。又例如，有的人在面对自己感兴趣或者擅长的领域的谈话时，常常能滔滔不绝地与人交流，可是当面对一些聊天内容超出自己熟悉范围的谈话时，他们又会开始支支吾吾，前言不搭后语……其实这样的情况放在正常的社交生活中也是非常常见的，但是对于口吃恐惧症患者而言这就如同炼狱一般，他们会放大这种窘况，并且因此备受煎熬。

3. 来自性别的挑战：异性恐惧症

性教育的匮乏是异性恐惧症的推手。

在社交恐惧症中，有一种特殊的恐惧症被命名为异性恐惧症。顾名思义，异性恐惧症就是在社交活动中对异性感到恐惧焦虑的一种恐惧症，主要表现为在和异性接触时会出现不自在、发抖、回避等症状，甚至只是迎面遇见异性也会让他们感到惊慌。这是一种长期积累而形成的顽固病症。

理性与本能的抗争

通常的，异性恐惧症多发生在少男少女的青春期，即14~17岁期间，这段时间也正是少男少女们面临升学压力的时间。在这段时间里，有些男生女生会表现出恐惧与性有关的想法（羞耻感）、担心与异性接触会影响自己的学习。于是，他们会全力抵抗和压抑自己希望与异性接触的念头与性成熟时的本能。也正是出于这个原因，这些男生女生很容易患上异性恐惧症。因为与异性接触这件事给他们带来了太过沉重的心理负担，而本能与思想的冲突也让他们难以招架。

出于性成熟时的本能，少男少女在无意识的状态下会产生某些性妄想。这些性妄想其实是出于本能。但是由于长期缺乏性教育以及传统观点的熏染，少男少女们对性的了解并不充分，他们并不明白有些好奇想法的出现其实是出于本能、是正常的。所以，他们通常会将自己的性幻想视为邪恶、尴尬和令人羞耻的。在这一点上，很多女生往往比男生遇到的问题更严重。于是在心理和行为上，他们就会排斥与异性接触，并且对与异性的正常交往也会产生一种病态的胆怯和恐惧。

从小到大，许多男孩、女孩就被灌输了"要自爱"的观念。这样的观念本没错，错就错在没有人更深入地向他们解释什么是自爱。于是，他们很容易将与异性接触、源自本能的性幻想视作不自爱的表现，他们的理智告诉他们：要远离异性。从这个角度上看，有些时候异性恐惧症其实更像是一种心理倒错。也就是说，其实患者的恐惧更多的是来源于自己内心的性幻想，而非异性。

这也是为什么弗洛伊德会说："异性恐惧症有时候是因为过度的性压抑。"

来自社会的负面反馈

在当今社会，随着网络科技越来越发达，消息的传播也越来越快捷。关于"强奸""猥亵"等事件在被曝光的瞬间就传遍了大江南北。这些未经过滤的信息被传到刚刚开始有性别意识的男孩女孩耳朵里，往往会让他们的内心对异性形成一种恐惧。再加上，网络上一些不良的语言也时刻刺激着他们。如"女生被强奸是因为衣着暴露""被强奸或猥亵是一件丢人的事情"……虽然网民们的素质越来越高，这类言论也越来越少，但是不可否认这类言论是确实还是存在的。对于人生观、世界观还未完全建立的少男少女而言，他们对于很多东西还缺少理性和成熟的判断，于是他们恐惧成为那些"网络喷子"嘴中的人，在现实生活中就会表现出对与异性接触的恐惧和不安。

　　异性恐惧症的存在有个人的因素，有家庭教育的因素，也有社会的因素。对于父母和老师来说，如果他们能在孩子表现出异性恐惧症时，就及时帮助孩子进行心理调整，那么就能够帮助孩子战胜这一心理障碍，避免孩子在以后的正常两性交往中遇到问题。

4. 谁在偷看我：余光恐惧症

你的内心非常在意别人的看法，但别人眼里你缺少自信和坦诚。

一般情况下，没有人会太过在意自己的余光，因为在大部分情况下，人类大脑并不会去关注余光的存在。除非出于某些需要，例如，偷偷关注自己喜欢的人，却又不敢光明正大地看对方，便会采用余光对其进行关注，以免对方察觉自己的视线。

但是由于某些原因，有的人会极其在意自己的余光。

在各种社交场合中，他们总会被自己的余光分散了注意力，总是控制不住同时在看旁边的人和事，进而导致自己没办法正常地做应该做的事情。这让他们感到难受和焦躁。但是，他们却无法控制住自己，甚至对于他们而言，连移动视线都是一件困难的事情，这样的情况更是令他们恐惧不安。这就是余光恐惧症。

余光恐惧症一般可以分为以下的4种情况：

1.恐惧对人的余光注意

对于余光恐惧症患者而言，不管在什么时候，但凡余光内出现其他人或者发生了什么事，就容易出现被吸引注意力的情况，他们没办法把自己的注意力集中到自己该注意的地方。他们特别希望自己能够回归到正常的状态，摆脱余光的困扰，但是，无论他们如何努力，却始终都无法控制住自己，他们的内心会因此而倍感压力。当情况严重时，他们会陷入一种僵硬的状态，就如同"鬼压床"一样，他们无法挪动自己的视线，并且越是想要挪动，越是觉得痛苦难忍。

常见的情况就是，当一个余光恐惧症患者与大家一同上课时，他总会不由自主地注意到身边其他学生，而无法集中注意力听讲；或者他会觉得其他人也同时在关注着他，这让他无法安心继续听讲。

2.恐惧对他人的敏感部位的余光注意

有一些余光恐惧症患者在社交场合中，余光总会不由自主地放在他人（尤其是异性）的敏感部位上。请注意，这样做并非抱有什么猥琐的心思，从心理学角度来说这是一种失控的行为，这样的行为在他们自己眼里是可耻的、羞耻的，同时他们也十分担心会被人发现他余光的注意点集中在何处。于是，他们的大脑就会处于高度紧张的状态：他们不敢直视别人的眼睛，甚至面部，因为他们害怕别人会误会他的行为。在这样的情况下，他们除了高度注意别人的态度变化以外，也会高度注意自己的举动，努力去避免自己的这一令人尴尬的举动。但是通常情况下，越是挣扎则症状会变得越发严重，长此以往，他们就可能会连正常的社交都无法接受。

3.恐惧对一些东西的余光注意

有些人在有些时候，一旦余光注意到某些东西，就会难以移动。这种余光恐惧与上述对他人的敏感部位的余光注意有点相似，患有该余光恐惧的人十分担忧自己的余光注意可能会被别人误会。因此他们往往会表现出恐惧、焦躁，急于挪开目光的行为。但是，在很多情况下，他们都很难扭转自己的目光，而看在别人眼里，他们的表现就是眼神闪烁、畏畏缩缩。

4.阅读时的余光恐惧

有的人在阅读的时候，也可能出现余光恐惧，他们的余光常常被书本之外的其他东西吸引。他们想要控制住自己，将注意力集中回书本上，却无论怎样都难以实现，于是学习效率受到了极大的影响。他们往往难以接受这一状态，迫切希望现状能得到改变，但是又常常无法实现。这样的强烈落差给了他们极大的心理压力。

　　余光恐惧症的来源往往是多种多样的，其中可能包括了成长经历、家庭教育、自幼被灌输的各种观念、某一严重的心灵创伤等。一般而言，余光恐惧症可能涵盖了强迫症以及社交恐惧症的相关特性，而这是可以通过心理治疗和咨询治愈的。患者并没有必要因为自己的余光问题而过分苛责自己，自责的情绪往往也不利于症状的缓解与治疗。

5. 其他类别的视线恐惧症

心灵长期的退缩和逃避，只会让自我感缺失，陷入更深的痛苦中。

在前面一节中我们所讲到的余光恐惧症其实是社交恐惧症中视线恐惧症的一个小类。所谓视线恐惧症，主要指的是患者对视线有着强烈的恐惧感，他们无法控制自己的目光，也不愿意被别人注视。有时候，还会觉得自己的目光会使人感到难受等。在视线恐惧症中，除了余光恐惧症外，还有另外两种主要的分类：

1.对视恐惧症

顾名思义，对视恐惧症就是指在社交场合中，不敢与他人对视，并且常常会觉得自己被关注、被议论，一旦和别人对视，就会导致头脑空白，手脚冰凉，呼吸困难等自主神经上的过激反应。

在日常生活中，对视恐惧症患者与别人目光接触的时间往往很短暂的，常常都是一扫而过、躲躲闪闪的。他们的这种逃避行为有两种可能的原因：其一，患者觉得自己的眼神有问题，可能会让别人感到不舒服、恐惧或者厌恶；其二，患者对他人眼神所流露出来的情绪的过度解读或者错误解读。

在严重的情况下，患者甚至可能出现"眼睛还不如瞎了好"的想法，在这样的想法的作用下，患者很可能出现伤害眼睛的自残行为。

2.目光失控恐惧症

目光失控恐惧症主要表现为患者的双眼经常不由自主

地四处乱看。他们对这样的情况无法自控，同时又觉得其他人会对他目光失控的现象感到厌恶，于是，他们就只能通过经常转移目光来消除这种"别人可能讨厌我的目光"的心理。越是抱有这种想法，患者的注意力越是难以集中。有些时候，患者甚至会觉得自己的眼球或眼部神经可能有问题，使之常常不受控制，但是到医院具体检查时又查不出所以然。这样未知的"病痛"对于患者而言无疑也是一种痛苦的体验。

面对这种类型的社交恐惧症，我们可以结合一些心理学原理和技巧来进行改善：

1.对自己进行积极的心理暗示。每日睡前或起床时，你可以对自己说几遍"我相信我自己"一类的话。有研究表明，长期积极的自我暗示能够对一个人的潜意识进行改变和重塑，同时也有助于提升自信心，培育积极的心理因素。

2.多对着镜子进行练习。每天抽出一段时间看看镜子，注视自己的眼睛，寻找自己眼睛的优点，这一练习有利于消除自己眼神吓人、令人厌恶等错觉。此外，还可以多做一些眼神的锻炼，通过眼神的训练，眼神和表情也会更加迷人，人的自信也会得到相应的提升。

3.放松训练。找一个静谧、舒适的地方坐下来，进行一组放松训练。放松顺序可按照从头部、脖子、手臂、胸背、臀部、下肢依次进行。坚持每天做这样的放松训练能有效地帮助我们克服对恐惧和焦虑的反应。

4.多读名人传记。在很多情况下，名人的成功经历能够给我们带来一定的激励作用。随着知识和眼界的扩展，我们也能逐渐发现这个世界的美好与不完美，对世界的正确认知在很多时候，都能让我们的恐惧症有所缓解。

【Conclusion】真假恐惧症

在对社交恐惧症进行研究的时候，我们不能不注意这样一种情况——假性恐惧症。

因为，在现实生活中，有些过度恐惧其实是因为其他的疾病引发的。

例如，暂时性癫痫会让人无端陷入强烈的恐惧之中，并且癫痫所带来的疲惫感和情绪波动往往会致使恐慌的加重；有些时候，儿童对于黑暗的过度恐惧也可能源于视网膜病……假性恐惧一般都是出于机能性的原因。

当然，在社交恐惧症上也存在这样的现象。有些身患残疾的人可能会出现一些机能上的缺陷，这些缺陷其实有些时候并不至于引发恐惧，但是他们却因经常承受别人异样的眼光而被恐惧折磨。

例如，许多帕金森氏综合症患者会因为颤抖或行动不便等情况而恐惧他人的目光。他们的恐惧往往并不来源于自己身体上的缺陷，而是来源于他人异样的注视。在来自他人的目光的持续刺激下，他们往往会对社交场合感到恐惧。这个时候，他们的恐惧症状才逐渐演变为真正意义上的社交恐惧。

这也是为什么有时候身体残疾会带来社交恐惧症，而这些社交恐惧症往往都是继发性的。

注释：

1.视网膜病：这种疾病大多属于遗传性疾病，偶见继发性。其主要表现为不同程度的视力障碍。

　　2.帕金森氏综合症：这种病症泛指由于心脑血管、药物、外伤等原因引发的主要体现为运动迟缓的疾病，其主要表现有：颤抖、肌肉僵直、运动缓慢、平衡能力差等。

第五章

小心被社交恐惧症盯上

在现代社会中，越来越多人罹患各种各样的心理疾病。社交恐惧症就是其中之一。在前面的章节中，我们为大家详细讲述了社交恐惧症的各种常识与对患者的荼毒。尽管社交恐惧症的病因复杂，但是，却并不是完全无迹可寻。在日常生活中，我们只要做好预防工作，患上社交恐惧症的可能性就会大大降低。

在本章中，我们就将从社交恐惧症最容易看上谁？家庭个该是社交恐惧症的摇篮、你真的不是世界的中心、吃走社交恐惧症、曹操也可能是个社交恐惧症患者为你讲述哪类人最容易罹患社交恐惧症以及我们应该如何预防社交恐惧症的发生。

1. 社交恐惧症最容易看上谁？

社交恐惧症的高发人群中有你的身影吗？

但凡需要和别人进行沟通交流的任务对于社交恐惧症患者来说都是巨大的压力：他们常常会在脑海里想象交流过程中可能出现的各种问题；在交流之前，他们总感到不安；他们在走路的时候，经常低着头，尽量减少和他人打招呼的概率；他们恐惧所有即时应答的交流，在能够用邮件、短信交流的前提下，绝不会选择电话交流，更不用说面对面交流了；他们厌恶一切集体活动，害怕吸引他人的注意力；他们恐惧一切面试和汇报；他们害怕出错，而越害怕就越容易出错；在面对一个陌生的环境时，他们会更多地选择沉默，因为觉得这是最安全的，这也是为什么很多社交恐惧症患者总是沉默寡言。

以上是大多数社交恐惧症患者所可能出现的想法与做法，不知道你是否也"中枪"了呢？繁荣的网络时代，孤独的人反而越来越多，越来越多的人关注社交恐惧症及其带来的危害。一般情况下，女性、拥有良好的经济条件、智商较高、富有创造性、有上进心、过度追求完美的人都是社交恐惧症的高发人群。每个人都有可能患上社交恐惧症，其中以年轻人居多，但是儿童患社交恐惧症的也不占少数。那么，怎样的人才容易被社交恐惧症看上呢？总结而言，有4种人是社交恐惧症的高发人群：

1.自我评价太低的人

这些人往往都有强烈的自卑心理。他们对自己的不自信，让他们在与人交流时，时常感到不自在：觉得自己无论什么都比不上人家，以至于在社交过程中，时常表现出过度紧张的情绪。而他们紧张的情绪又往往让他们对自己的评价越发低下，觉得自己是个一事无成，连正常交流都做不到的人。慢慢地，他们也就成了社交恐惧症患者之一。

2.生性敏感者

这些人生性敏感，总会在心内揣测别人的想法。很多时候，真实的情况并没有他们想象的那么糟糕，他们却往往因为敏感，过分夸大事情。例如，他们经常认为别人对他们抱有不满的情绪，因此在相处的过程中就会显得特别不安和紧张，有的时候甚至带有排斥情绪。长此以往，社交恐惧症自然会找上门来。

3.过度追求完美主义的人

像前文所说的那样，完美主义者人群也是社交恐惧症的高发人群。他们对自己的要求极高，希望自己无论做什么，都能做到十全十美。不管身处何种环境，完美就是他们的追求。然而，"人无完人，金无足赤"，当完美主义者遭受失败时，他们的内心就会出现着严重的挫败感，以至于不敢与人相见和交流。总的来说，他们是一群情绪变化十分大的人；尽管他们也在极力压抑着自己的情绪变化，但是由于习惯了把对事和人的不满转移到自己身上，所以他们也是一群容易自怨自艾的人。此外，完美主义者又是一群固执的人，他们对完美的追求已经超出了正常人所能理解的范畴了，因此他们身边的人并无法认同他们的选择和做法。

以上种种导致他们容易走向极端，并且把自己封闭起来，不愿与人交流，或者说恐惧与人交流。

4.性格内向的人

虽然内向与社交恐惧症有着本质上的区别，但是在现实生活中，内向的人往往却容易陷入社交恐惧症的烦恼。因为，他们通常都很安静，也不愿意与他人过多接触，很多内向的人天生就带有一定的焦虑情绪，以至于在遇到一些事情的时候，会出现较为激烈的反应，并且情绪很难平复。这也就导致了他们很难很好地适应与他人交流的过程，进而导致恐惧与他人交流；同时，他们还有个明显的特点：说话直。这导致他们说的话容易得罪别人，容易陷入窘状。因此，他们也被归为社交恐惧症的高发人群之一。

生活在这个世界上，我们每天都离不开社交。与人沟通是一个人必备的生活技能之一。如果你恰好属于高发人群之一，不妨就从现在开始行动，一点点改善自己的情况，让社交恐惧症离你远一点、再远一点。

2. 家庭不该是社交恐惧症的摇篮

家庭本应是每个人幸福的避风港，然而在有些时候，家庭却也同时为各种心理疾病提供充足的营养。

近年来，许多心理疾病的发病越来越呈现低龄化趋势。生活中，有相当一部分孩子都深受某一类心理疾病的困扰，社交恐惧症就是其中之一。

或许你会无法理解，天真烂漫的孩子，正是对一切好奇的时候，怎么会不喜欢跟小朋友玩耍？怎么会有社交障碍？但是如果你从家庭问题的角度切入，或许就会明白，孩子们的这些困扰从何而来。

过度关注往往是一种伤害

现代父母们对于儿童教育越来越重视，许多父母对于自己的孩子都有过度关注的趋势，在一些家庭中父母甚至会将自己的全部精力都投到孩子的身上，无时无刻不注意着孩子的一举一动。他们指导着孩子的一言一行，监督着孩子的一举一动，这让孩子们毫无隐私可言。当然，有的父母可能会觉得"小孩子懂什么隐私"，而这个观点在现实生活中，已经被推翻无数次了。无数经验告诉我们，孩子同样也需要隐私，父母无意识地侵犯隐私的行为，往往会让孩子产生强烈的不安全感，让他们觉得自己时时刻刻都被关注着。说到这儿，你是否会觉得有点熟悉？没错，社交恐惧症患者也常常觉得自己存活在别人的视线中。这让他们特别恐惧。在与一个患有社交恐惧症的小女孩进行心理咨询时，她就给我们讲过关于她的父母的这一举动：

放学后在自己房间里写作业，爸爸妈妈常常会突然推门进来，或者隔一会儿喊我一次。我不喜欢这样，也很紧张。（问：你有试过跟爸爸妈妈沟通吗？告诉他们你有时候不希望被打扰。）我跟爸爸妈妈说过让他们不要总盯着我，可是他们告诉我："我们不过是想知道你有没有写作业，还是在做其他事情，如果你专心学习的话，又怎么会害怕呢"？

很多人小时候都有过这样的经历，父母以爱你之名不断侵犯你的个人隐私，甚至连日记、抽屉都不肯放过。每个人都有自己希望能够守护的小秘密，而父母这样的行为确实让人惶惶不安。于是，有的孩子就会因此缺失安全感，把正常的人际交往视为一种干扰。

严父、虎妈效应

与溺爱相反，还有一类父母在现实中也颇受追捧，那就是严父、虎妈。严父虎妈教子成才的事例屡见报端，但事实上，过度严苛，缺乏温情的父母也是引发孩子恐惧的诱因之一。孩子的健康成长离不开看、听、感受、想象以及情绪释放的自由，但是，有不少望子成龙的家长却经常有把自己的思想强加在孩子身上的倾向。例如，当孩子怕黑时，有些父母往往会不以为然，觉得孩子太胆小需要锻炼，甚至不允许孩子表达出自己的恐惧，或者说他们过度希望孩子内心强大——尽管他们自己也有自己所恐惧的事物，但他们常常忘了这点，而去要求自己的孩子做到无所畏惧。这可能是出于他们对孩子的期望，也可能是对自己不满的投射。

并且，通常"别人家的小孩"往往都比自家的孩子要好，当然，或许父母并不是真的这么想，但是他们往往都是这么说的，很少会有父母当众或当面夸奖自己的孩子。这是许多中国人"内敛"的表现。在父母严苛的管教下，孩子就会慢慢启动心理防御。他们会在心里给自己一个错误的评估：爸爸妈妈经常批评我，我经常犯错，我比别人差……慢慢地，孩子变得越来越不自信，越来越不敢尝试新的东西，在面对别人的时候，也会有种恐惧心理，于是渐渐地和社会生活产生隔阂，进而患者上社交恐惧症。

没有人会希望自己的爱和关心成为自己孩子的包袱（讽刺的是，现实中常常就是这样做的，父母的过度溺爱与关注反而把孩子推向了恐惧症边缘），为人父母没有考试，但是父母们应该通过不断学习与儿童相关的各种心理学来了解孩子的心理，让家庭成为孩子健康成长的港湾，而不是滋养社交恐惧症的摇篮。

3. 你真的不是世界的中心

并不是所有人都会时时刻刻关注你，你只需要做好你自己就够了。

对于社交恐惧症患者而言，他们所存在的主要障碍之一就是：总觉得别人会注意到他们细微的窘态。

比如，赤面恐惧症患者。他们往往都是先认定了自己一定已经脸红，然后又认定他人一定已经关注到"他脸红了"这件事，接着就开始陷入了强烈的恐慌之中。

又例如，余光恐惧症患者，当他们的余光关注到他人的敏感部位时，总会认定他人会发现这一点，并对他们产生了误解，这令他们十分难堪。

可是事实真的是像他们想象的这样吗？不。或许别人确实已经发现了你脸红这件事，但是他们却未必会过度关注，因为脸红、害羞在正常人眼中都是再正常不过的事情了；而另一方面，每个人在看东西的过程中，余光不可避免地肯定会注意到焦点以外的东西，而你不过恰恰注意到了别人的敏感部位罢了。站在别人的视角上，他们并不一定会注意到这一点。反而，你慌张恐惧的情绪、闪烁的眼神更容易引起他们的注意。

不知道你是否曾听说过"20-40-60法则"：20 岁时，你总在担心别人是怎么看你的；40岁时你觉醒了，"我才不管别人是怎么看我的"；60 岁时你才发现，根本没人关注你。这个法则的核心理念就是：你并不是世界的中心，你也无须在意他人的眼光，因为从一开始就没有人关注你。

事实就是如此，生活中我们都是平凡的普通人，没有谁真的那么重要，重要到其他人都会过分关注他的一举一动，没有多少人是活在聚光灯下的。

很多所谓的关注都是来源于我们自己的内心戏。著名的表演艺术家英若诚就曾经分享过这样的一个故事：他的家庭人数众多，每次吃饭都像是一场大聚餐，在场的往往多达数十人。有一次，他突然想要开个玩笑：在开饭之前，他将自己藏了起来，准备等大家都开始寻找他的时候，再突然冒出来，给大家一个制造一个惊喜。谁知道，在场的各位却都没有发现他不在这回事。等到大家都吃完纷纷散开后，英若诚才垂头丧气地从藏身地点走出来，吃餐桌上的剩菜剩饭。英若诚的大家庭其实就像一个小社会，社会上的人越多，则分散注意的点越多，没有谁会过分注意你的存在，更何况是你身上的一些小细节。

其次，为什么有那么多人患社交恐惧症呢？说到底，大多数社交恐惧症患者都存在害怕别人会给他们负面评价。所以，他们慢慢地害怕社交，害怕一切和别人接触的机会，可是我们为什么一定要活在别人的眼光里呢？为什么我们不尝试着做自己呢？

龚琳娜就是这样一个例子。提到龚琳娜，可能很多人都会下意识地想到那首洗脑神曲——《忐忑》。荧屏上，龚琳娜表情夸张、声调多变地演绎着这首神曲。对于个人形象，她毫无顾忌，这导致不少人对她的评价都是：浮夸、像个疯子……所以呢？龚琳娜因此改变了吗？并没有。相反的，她直接忽略了所有的这些负面评价，因为她知道，自己在做的是自己喜欢的事情，她无须活在别人的眼中。因此，她过得恣意、快乐，在与人社交时，也表现出了自己的自信与魅力。

而我们中的大多数人呢？过分在意他人的评价，恐惧别人的负面评价。很多时候，更像是为别人而活。因为恐惧别人的负面评价，所以，我们变得自卑。越自卑则越逃避社交，进而社交障碍越来越严重。

所以，请从别人的眼光中走出来吧！并不是所有人都会过度关注你，也并不是所有评价和批评都是恶意的。只要你能做到问心无愧，那又何必在意别人的目光呢？只有从别人的目光里走出来，你才能拥抱更好的自己，拥抱更好的明天！

4. 吃走社交恐惧症

在我们这个"药食同源""凡膳皆药"的国度里，传统中医的药方里有不少中药材就是食物。

社交恐惧症也被称为社交焦虑症，患上社交恐惧症的人在面对一些或者所有社交场合会觉得十分恐惧或者焦虑，并且在很多情况下，对社交的恐惧会演变为严重恐慌。一旦恐慌发作，患者就会抑制不住地颤抖、结巴，情不自禁想要逃避一些与人接触的机会，甚至可能发展到连家门都不想出。

对于社交恐惧症患者而言，社交是一件非常痛苦的事情，它严重地干扰了患者正常的生活。因此，我们应该积极治疗并调节社交恐惧症，而在治疗过程中，如果能够尝试加入食疗作为辅助手段，对于社交恐惧症的治疗将会有很大的帮助。

所谓的食疗是指通过调节饮食对身体进行调理，这是一种着眼长远的养生做法，也是中国人的一种饮食传统。食疗中有一种说法是："食物"对于人类而言是治病的良药，人体的自然免疫才是真正意义上的疾病克星。虽然食疗在很多时候不能完全替代药物的治疗作用，但是不可否认，在辅助治疗中，食疗有着无法取代的作用，能够促进人体细胞的恢复，维持身体的健康平衡。

在社交恐惧症的治疗中，同样也可以运用食疗作为辅助治疗的方法。不得不提的一种食疗就是莲子百合粥，其原料与做法都十分简单：

原料：莲子、干百合、粳米、冰糖及若干红枣。

做法： 把莲子洗干净，泡发，然后将粳米、百合、红枣分别洗干净，和已经泡发的莲子、红枣一起放到锅里，放适当水。首先，以大火烧开，然后再转为小火进行熬制。等到快熟的时候，加入冰糖，煮到冰糖溶化即可。

功效： 莲子有清心醒脾、安神养心等效用。经过长期的临床应用发现，莲子对于社交恐惧症患者有良好的安神、镇静等作用；而干百合同样也有安神清心等作用，对心悸烦闷等症状可以起到相应的缓解作用。

何首乌桑葚子瘦肉汤也很适合社交恐惧症患者食用，其具体原料及做法如下：

原料： 瘦猪肉120g、何首乌20g、桑葚子15g、黄精12g、桂圆肉12g、姜5g。

做法： 先把何首乌、桑葚子、黄精、桂圆肉、瘦肉分别清洗干净备用；所有原料一同放到锅里加8碗水煲煮，直至煲出味道，然后加入姜、盐进行调味即可。

功效： 桑葚主要有清热安神的作用，对于社交恐惧症患者而言，是一味不错的安神镇静的食材。何首乌则可用于补血祛风；一道何首乌桑葚子瘦肉汤可谓是集安神、解压于一身。

此外，社交恐惧症患者也可以选择养心粥为食疗。

原料： 党参35g，红枣10枚，麦冬10g、茯神10g、米若干。

做法： 将党参、红枣、麦冬、茯神同时放进锅里，加入1000ml水煎煮至500ml；滤掉药渣后，与淘洗干净的米一起煮粥。待粥熟后，加入红糖即可服用。

功效： 这道粥集党参、麦冬、茯神以及红枣四味药材于一身，有养气血安心神的作用，可较明显地改善心悸、失眠、多梦等症状。

不过，值得注意的是，并不是所有食疗方子都适用于所有人，应针对自己的实际情况进行选择。此外，食疗仅有助于社交恐惧症的预防与治疗，但是并不能起到根治的作用。在实际治疗过程中，只能起到辅助作用，而不能完全依赖食疗来进行医治，以免耽误病情。

同时，还要注意的是：若患有社交恐惧症，则患者在平时生活中应当尽量避免服用含咖啡因的食物，如咖啡、茶、巧克力、可乐等。因为咖啡因在一定程度上会引起一些焦虑的情绪；酒类也尽量减少饮用。有些社交恐惧症患者为了缓解在人前的尴尬、恐惧情绪，会选择饮酒壮胆，这是十分不明智的行为。喝酒会导致人前失态，还会让他们对酒精产生依赖，染上嗜酒的恶习。

5. 曹操也有社交障碍

疑心是条河，把多疑者远远地从人群隔离开来。

说到曹操，我们想到常常是"人中枭雄"，当然也有"老骥伏枥，志在千里。烈士暮年，壮心不已"的积极与豪迈；或是任职洛阳北部尉时的执法严明、不畏强权；又或者是三哭郭嘉时的真性情……但是，从现代心理学上看，曹操在一定程度上也有社交障碍。

不信？我们不妨来回顾一下与曹操相关的两个小故事。

《曹操误杀救命恩人》

当年，曹操在刺杀董卓失败后，与陈宫一起逃到了吕伯奢的家里。这个吕伯奢是曹操父亲的好友，他见到落难的曹操时，便非常热情地让自己的家人杀猪款待曹操与陈宫。谁知道，曹操听到厨房里磨刀霍霍，却怀疑吕家的人想杀了他，向董卓邀功，于是，他狠心地杀害了吕伯奢家人。在准备离开时，曹操正面遇见买酒回来的吕伯奢，又怕吕伯奢揭发他，便又狠心地杀了吕伯奢。

《曹操多疑怒杀华佗》

在《三国志》有这样一件事：曹操患有严重的头风病，每每头风发作就会感到疼痛难忍。后来，曹操听闻华佗有神医之称，便命人把华佗绑来给他治疗头风。谁知，华佗诊完脉，却说出了这么一番话："此近难济，恒事攻治，可延岁月。"也就是说，曹操的病情严重，已经不是一朝一夕就能治好的了。并且他还提出，要想完全治好，先得用"麻沸散"麻醉，然后开颅将"风涎"拿出来。这本来只是一项正常的医学诊断。谁知，曹操却疑心华佗是想为关羽报仇，伺机要杀了他。于是，曹操一声令下，一代神医命丧黄泉。

从这两个故事来看，曹操确实是个十分多疑的人。他对人的信任十分薄弱，以至于在面对别人的时候，总是担心别人会对他不利。一句"宁可我负天下人，不可天下人负我"道尽了他的心思。从一开始，他就将天下人放在了可能负他的对立面，从现代心理学的角度来看，他的这种行为充分反应了一种病态心理——外应型多疑。这种类型的多疑在怀疑他人的时候，往往会立刻做出反应，例如打人、骂人、甚至是杀人等，其危害性不言而喻。

此外，多疑的人往往有严重的社交障碍：别人对他们说的每一句话，在他们听来都可能有另一种层面的意思；别人对他们满怀热情时，他们又怀疑别人不怀好意；就算只是日常的玩笑话，在他们听来也很可能是含沙射影……这样的怀疑让他们在与人交往时，长期处于神经敏感的状态。别说别人不喜欢他们，其实就连他们都饱受折磨。久而久之，就会对于社交就会失去信心，乃至恐惧社交，这也是为什么有相当一部分多疑症患者也患有社交恐惧症的原因。对于他们而言，其他人都很可怕，并且都可能对他们心怀不轨。

对于疑心较重的社交恐惧症患者，建议进行自我暗示，让自己讨厌猜忌。每当自己猜忌别人时，在心里反复告诉自己"无端猜疑他人是不好的""我不喜欢猜忌"等。有心理研究证明，如果打心里厌恶某一种东西，那么观念和行动也很快会随着心理的感知而改变。此外，当心存疑虑时，不如试着开诚布公地将自己的问题和意见表达出来，很多疑虑就是因为彼此沉默，不愿交流而日益加重的。当多疑到了无法控制，严重影响生活的时候，建议接受心理治疗。

怀疑需要智慧，而相信需要勇气。多疑对于社交有百害而无一利，只有戒除它，才能拥抱更好的人际关系。

【Conclusion】社交恐惧症也有并发症？

在现代生活中，社交是我们生活中非常重要的一个组成部分，它能够让我们的世界更加精彩。但是，在这个世界上，却有这么一群人被社交恐惧困在囚笼中，他们无力挣扎，只能被动接受社交恐惧症带给他们的种种。并且除此之外，他们往往还有承受来自并发症的困扰：

1.臆想症

臆想症指的是，患者大脑一定范围内的相对稳定的功能状态受到破坏，使得他们出现认知、情感以及意志等精神层面的异常。并且这种异常往往十分严重且持续时长远远超过了正常人的精神活动波动范围。在这一情况下，患者的生物、社会等功能都会受到相应的损害。

2.抑郁症

现代人对于抑郁症或多或少都会有所听闻，许多知名人士的死因就是抑郁症。因为抑郁症所带来的长期低落的心情、迟缓的思维、消退的意志等症状都可能促使抑郁症患者走向"自杀"。如今，在中国抑郁症以其复发可能性高、治疗难度大等特性位列疾病负担排名的第二高位。抑郁症的存在不仅仅严重影响患者本人的心理健康，同时对于患者身边的人而言，也是一种沉重的负担。

从这些并发症中，我们可以看出：社交恐惧症确实对人类有着极具破坏性的影响，应当引起人们的足够重视去预防和治疗它。

第六章

陪你走出恐惧的深渊

社交恐惧症患者都不得不面对这样的冲突：我喜欢独处，但我不得不去交往。我们要问，你为什么那么害怕暴露于人前呢？你没有那么自己想象中那么重要，没有那么特别，没有那么多人会关注你……认清这一点后，你要做的就是完全认可自己，接受自己的缺陷和缺点，建立自信，最终走出社交恐惧症的阴影。

本章中，我们将系统介绍"顺其自然的疗法：森田疗法""系统脱敏疗法""刺激的暴露疗法""来自认知行为疗法的安慰""催眠中治疗社交恐惧症"，相信这些已被实践证明有效的治疗方法，会给你带来启示和帮助。

1. 顺其自然的疗法——森田疗法

无须刻意，我们只需顺从朴实的欲望去行动即可。

社交恐惧症从来都不是一个不可治愈的绝症，其治疗方式多种多样，其中有一种名为"森田疗法"的治疗方式最具东方色彩。这一疗法的起源是一位名为森田正马的日本人。

森田正马自幼生活在父亲的严苛管教下，并因家庭关系患上了严重的恐惧症。由于自小的经历，森田先生长大后便积极投身于心理治疗的事业中去。多年来的切身体验加上对同病相怜的患者们的观察，他取当时所流行的安静疗法、说理疗法等疗法的精华，逐渐融汇形成独具特色的森田疗法。

这种疗法主要遵循的是"顺其自然"的原则，要求患者接受并服从事物的客观法则。

在森田先生看来，所谓的顺其自然就是让患者怀抱着这一心态，接受所有消极的体验与不良症状，将自己的心思集中于自己应该做的事情，而非病情上。这样的做法能够很好地减轻患者在患病过程中的痛苦体验。

其疗法主要可分为门诊治疗以及住院治疗。对于那些症状较轻的患者，可选择自主阅读森田疗法相关的书籍，坚持记日记，并定期前往门诊复诊；而对于那些情况较差的患者，森田疗法则建议进行住院治疗。住院期间主要可分为四个阶段进行治疗：第一期是为期4~7天的"绝对卧床期"，这段时期里严禁患者做任何事情；第二期是为期3~7天的"轻微工作期"，这段时间里，患者只被允许做一些程度轻微的劳动以及记日记；第三期为为期3~7天的"普通工作期"，患者开始被要求全身心投入到工作中去，享受工作带来的喜悦；最后一期是为期7~14天的出院准备期，患者开始接触一些较为复杂的实际生活。

具体地说，森田疗法的主要治疗原则是：

1.忘记过去，放眼当下

森田疗法注重的是"现实原则"，认为患者之所以罹患恐惧症，是因为其身心有相关的倾向，并在生活中遇到某一诱因。无须过分纠结于过去的经历，而是集中注意力于当前，激励患者重新开始新的生活。

2.以行动为导向，而非以症状为导向

在森田疗法中，有一个理论是患者的一切症状都是主观的，都是源于自身情绪的变化。因此，森田疗法主张"像普通人一样生活就能够治愈自己"，引导患者通过积极行动来改变现状，缓解恐惧症所带来的症状。

3.正常地生活

森田疗法里不包含有任何器具或治疗设备。因为其中心思想就在于像普通人一样生活，在生活中对患者的不良行为和不良认知进行修正，引导患者向好的方向发展。

4.培养性格，规避劣势，发挥自己的优势

森田疗法主张性格虽然不随主观意志而改变，但是确实是可变的。每一种性格都有其优劣势。就算是长期被冠以不良性格的"神经质性格"也有其优点，例如，做事一丝不苟、能够自我反省等等。而其缺点则在于不够自信、过于吹毛求疵等。那么，在日常生活中，患者们就有必要发挥自己性格上的优点，规避其不足。可以说，这一疗法更像是一门关于人生的学问。

如今，森田疗法无论在社交恐惧症，或者其他种类的恐惧症、惊恐的发作、强迫症的治疗中都有着广泛的应用，且随着时代的传承与进步，甚至可以扩展到正常人的生活适应及质量提高中去。

有关森田疗法的书籍，建议不妨看看森田先生自己所编著的《神经衰弱与强迫观念的根治法》《自觉与领悟之路》，同时也可以多阅读诸如：大原健侍郎、青木熏久、高良武久等著名的森田疗法传承者所撰写的书籍，如《心灵困境——焦虑与忧郁的解剖》《心灵桑拿——森田疗法心理处方》《森田疗法与新森田疗法》《森田心理疗法实践》《行动转变性格》等。

相信在这样自然的状态下，社交恐惧症将不会是一个可怕的"敌人"，社交恐惧症患者也能从生活中，学会如何与恐惧相处，并一步步克服它们。

2. 系统脱敏疗法

系统脱敏疗法帮你一点一点攻破社交恐惧症的围墙。

在《儒门事亲》中有这么一个故事：有一次，卫德新的夫人出行，并投宿于一家客栈。谁知道，当天夜里，客栈竟然遭遇盗贼洗劫。卫夫人因此受了惊。从那时起，她就有了个习惯：只要听到一丝响声都会惊慌不已，乃至晕厥。卫家人为了照顾卫夫人的情绪从此也过上了"无声"的生活，以免弄出声响惊吓到夫人。

时光飞逝，遭遇强盗的事已经过去几年了，可是卫夫人的恐惧症却始终没能治好。直到一个名为张从正的大夫出现——这位大夫让两位女仆分别握住夫人的两只手，并把她固定在椅子上。然后只听张大夫对卫夫人说道："夫人，来看看这块木头。"说罢，将醒木狠狠地往桌上一拍，发出"啪"的一声。卫夫人听到这声音，吓得面如土色，惊慌失措。而张大夫却淡淡地问道："我不过是用醒木拍了拍桌子，有什么好害怕的呢？"卫夫人听了这话，稍稍有所平静。这时，张大夫又一次狠狠地用醒木拍了一下桌子。卫夫人的恐惧已经明显比上次减轻了。接着，张大夫又连续拍了好几下桌子，并用木棍敲打大门，还偷偷嘱咐家仆去敲卫夫人身后的窗户。在这样一次又一次地刺激中，卫夫人惊恐的情绪有了一定的舒缓。

在接下来的几天时间里，每每入夜，张大夫都会让人去敲卫夫人房间的窗户。过了不到两个月，卫夫人的恐惧症就被治愈了，连轰鸣的雷声都不再害怕了。

这个故事中的大夫张从正所采用的治疗方法在现代被

称为"系统脱敏法"。即在患者面对恐惧或焦虑对象的刺激时，同时对他加以与之对立的刺激，以帮助患者慢慢减少恐惧和焦虑，进而克服恐惧症。从本质上讲，这种治疗方法就是通过一系列的从弱到强的刺激，帮助患者培养和锻炼心理承受能力以及忍受能力，提高他们的适应能力，进而达到治疗恐惧症的目的，使他们的恐惧水平与正常人相当。

通常情况下，系统脱敏疗法建立在这两种假设上：首先人们的不适应行为是学习而来的；其次通过学习，人们把自己学到的不好的、不适应的行为戒除，并且可以为自己补充部分适应能力。在社交恐惧症的治疗中，系统脱敏疗法也有非常广泛的应用。

一般，这种治疗方法涵盖了三个步骤：

1.对恐惧和焦虑的等级进行划定，即由患者罗列出能够引发自身恐惧症的社交事件或人群，并依据其刺激强度由小到大进行排序。

2.对身体进行放松。这个步骤要求患者采取一定的练习措施来放松全身肌肉，让自己能够随时快速进入到一种自然放松的状态。

3.系统脱敏训练。首先，患者应当挑选一个安静、舒适的环境让自己相对放松地坐在椅子上，然后在舒缓的音乐的陪伴下进行肌肉放松运动。在这一过程中，患者应当细心感受自己的肌肉放松与紧张时的差别。这一步是为了患者在日常生活中能够随意调节自己的放松程度；其次，开始进入想象脱敏训练阶段：在这个阶段，我们一般设有不超过4个等级的脱敏训练。由患者从低到高等级的社交情景、场合或人群进行想象。当患者能够清楚地感受到紧张时，立刻停下来，进行放松，之后才继续进行想象训练。当患者对该等级的想象已经不再感到恐惧或焦虑时，就可以进入下一个等级的想象训练。训练方法同第一等级的想象训练。当在某一等级的训练中，患者出现强烈的恐惧感时，则应当立即停止并回到上一等级重新开始训练。直到自己认为能够承受时，才开启高等级的训练。若全部等级都已通过，则患者可以由想象训练转移至现实训练；现实训练被称为系统脱敏疗法的重中之重。其训练方法与要求和想象训练一致。

在这样循序渐进的治疗中，患者对社交的恐惧感得到了明显降低，适应和承受能力也随之得到了很大提升。慢慢地，社交恐惧症也就被治愈了。

3. 刺激的暴露疗法

这是一种刺激强度较大的治疗手段，但是不可否认，经过这样强烈的刺激，很多社交恐惧症患者的社交恐惧能够得到很好的控制。

从本质上讲，恐惧症其实是一种条件反射：当一个人从某些事物或情境上感知到恐惧感，不管这种威胁是否真实存在，都很容易激发出逃避行为，而逃避行为对恐惧症又有着绝对的强化作用。所以，有专家就提出了这样一种疗法——暴露疗法（也称满灌疗法）。

这种治疗手段和前面我们所讲的系统脱敏疗法恰好相反。

系统脱敏疗法是先让患者进行放松，然后分等级不断对其进行恐惧性刺激，使其恐惧感或恐惧反应逐步被放松的感觉替代，最终实现治愈。而暴露疗法则是从治疗之初，就鼓励患者通过想象（或者医生通过对其恐惧的情景进行反复描述）的方法直接进入到最让他感到恐惧的情境中，或者可以采用录音带、PPT等方式将其恐惧对象毫无遮掩地展示在其面前。

在这样的刺激下，患者往往会很快进入恐慌发作的状态，出现诸如：心悸、胸闷、脸色发白、颤抖、手脚冰凉等症状。这时候，也就到了最关键的一步：医生必须阻止患者在出现恐惧症状时，下意识所做出的类似捂住耳朵、哭喊、逃跑等回避行为。

就算患者在持续的恐惧刺激下出现晕厥的情况，仍继续"不近人情"地鼓励患者继续接受刺激。通常在有条件

　　的情况下，可以让患者躺在沙发上，因为这样可以减少晕厥症状的出现。

　　在持续刺激下，患者会发现，虽然他感到很害怕，甚至出现一系列恐慌症状，但是他所恐惧的灾难却并未实际出现，于是，他焦虑和恐惧感也会慢慢消失。如果你觉得这样的描述很难理解，那么我们不妨以一个异性恐惧症患者的暴露疗法为案例来进行演示：

　　一位身患异性恐惧症患者诉说，当她面对异性时，往往都会情不自禁想到诸如：猥亵、强奸等新闻，并出现强烈颤抖、脸色发白等自主神经性反应。

　　针对这一情况的暴露疗法设计非常简单，在向患者保证安全并征得她的同意后，将其身边的所有医护人员都换成男性，并强制要求患者与他们进行平常的交流、握手、拥抱等接触。显然，在治疗过程中，患者因为恐惧会出现许多回避行为，例如，闭上眼睛、尖叫、逃跑等，但是这是不被允许的。患者只能一步步从简单的聊天开始做起，并逐渐发展到肢体上的接触。渐渐地，患者会发现，与异性接触其实和与同性接触并无太大差异，她所恐惧的可能因接触出现的灾难也并没有发生。于是，她开始可以以平常心去面对异性。她的异性恐惧症也就得到了很好的缓解。

当然，这个治疗的目的并不在于完全消除她对异性的防备心理，只是将这种防备和恐惧控制在一个合理合适的范围内。

正因为暴露疗法在治疗时往往会带来较大的刺激，所以在治疗过程中，一定要做以下几步：

1.无害声明。在治疗前，请一定要跟患者说明暴露疗法可能会引发一系列自主神经性反应，但是，是绝对无害的。因为它只是为了让患者体验恐惧症发作的感觉，而不是真的将患者置于险境，并且在现场配备了各种急救设备和医务人员。他的安全是有保障的。

2.禁止逃避行为。之前我们也无数次提起逃避会导致治疗失败，且还会让患者的恐惧症加重。

3.对患者有深入的了解。为了避免意外发生，一定要对患者的身心情况进行深入的了解，以免在治疗途中发生意外。

4. 来自认知行为疗法的安慰

错误的认知与行为方式遮住了你发现美好的眼睛。

在社交恐惧症的治疗上，有一种十分出名的疗法——认知心理治疗。这一疗法不同于上面所说的暴露疗法等直接简单的治疗方式，而是相对要复杂的多。它选择从认知的角度对情感与行为进行诱导，其主要目的在于引导患者对自己的思维系统进行订正。

仔细回忆一下，我们在对自己或他人的行为进行评价时，有时候是不是会有一定的偏差？社交恐惧症患者在这方面的偏差往往比较严重：例如，他们经常对他人的想法进行揣测；或者以偏概全，将个人感受与现实混为一谈；把小问题夸大化等。是的，认知心理治疗的目的就在于引导患者对具体的情景进行反思。在治疗时，患者的问题被认定为起源于对生活情况的感知以及思维，而非生活情况或外界的人和事。因此，认知行为疗法主要基于重新认识并改变造成情感与行动障碍的思维。

通常，认知过程包括了三大部分：接受及评价信息；处理问题的方法的产生；对结果进行预估。这种治疗方法聚焦于患者的不良认知以及思维方式，将患者自我挫败的行为归因为不良认知的结果。

那么，认知心理治疗的主要原理包括哪些呢？

1.情感与行为反应是以认知为媒介的。我们每个人的情绪和行为的产生往往并不是因为事情本身，而是因为我们对于该事的解读。

2.认知、情感与行为三者处于相互联系、影响的状态。不良认知与不良的情感行为有着正相关的关系，并且容易形成恶性循环。如何打破这一恶性循环是治疗的重点所在。

3.社交障碍往往是因为有严重的不良认知。这些不良认知给患者带来了极大的痛苦。如果能够从认知入手，矫正患者认知，则能很好地改善患者的情况。

由此可见，认知行为疗法更多的是站在引导，梳理的角度来对患者进行治疗。其常见的治疗理论可归纳为：

1.时长短、疗程少。通常情况下，认知行为疗法的疗程只有15~24次，共计不会超过6个月，并且每次治疗时长在40~60分钟左右。

2.固定的会谈流程。通常，会谈会被分为3段：一、与患者一同回顾前一次的会谈以及他在家中的行为表现和上次布置的任务的完成情况。其目的在于了解患者的情况是否有好转，是否出现其他的什么变化，是否出现病症加重的情况；二、医生与患者一起谈论某一个问题，并将某一认知困难作为本次会谈的重点；三、在会谈结束时，对本次治疗进行总结，并布置相应的任务。简单来说，每一次治疗都有相应的日程安排，对会谈时间进行一个合理的梳理与安排。

3.以问题为中心，而非以过去为中心。治疗所针对的是眼前的问题，而不再过分纠结与更早期的病史。

4.治疗时，保持公开、透明、坦诚。患者会坦诚地说明自己的心态、自己的困扰，而医生把恐惧症患者当作朋友，用一种直抒胸臆的方式交流，而非进行理论指导。

5.医生与患者的关系建立在平等合作的基础上。

6.对正确、合适的行为与认知方式进行理论化学习，以此来扭转自己原有的不良的认知行为方式与结构。

在运用认知行为疗法进行治疗的时候应坚持透明、明确的原则。因为一个人的心理是非常复杂的，不同的心理治疗基于不同学者在不同方向的观察与研究，有着不同的治疗规律。但是，在针对相对复杂的心理问题时，这些疗法又各有各的局限性。显然认知行为疗法是一种新兴的治疗手段，它继承了一部分心理治疗的理论与智慧，汲取了一些现代科学理论，并在此基础上进行发展。它的理论主要有简单、富有可操作性、疗程耗时短、遵循实验评估等特色，在临床实践上有着极强的适应性。

　　总的来说，对现实的错误理解导致了社交恐惧症患者的心理混乱，他们会以偏概全地看待现实、推测未来，并因此导致社交的恐慌，甚至是对社会的恐惧。要想改变这一点，就应该发现并扭转错误的想法，帮助心理恢复原有健康。

5. 催眠中治疗社交恐惧症

在催眠的状态下，你的潜意识会得到很多改变，例如，幼年时期的社交阴影。

提起催眠，许多人可能很快会想到一部非常著名的电影——《盗梦空间》。在这部电影中讲述了这样一群人：他们能够潜入他人的梦境，盗取他人潜意识中的具有价值的秘密，并对他人的梦境进行重塑，影响对方的意识、决定和行为。由于电影的表现形式夸张，魔幻色彩浓重，所以许多人在看完电影后，都会将催眠视为一种神秘的存在。

　　而事实上，在现实生活中，催眠是确实存在的，它常被用于精神、心理治疗，即催眠疗法。在社交恐惧症的治疗中，催眠疗法也是一种常见的治疗手段。

　　在实施催眠疗法之前，医生需向患者阐明催眠的性质、要求、目的以及步骤，取得患者的信任，征求患者的同意与配合，此外还需要对患者进行受暗示性程度测试。这两个步骤在一定程度上会影响催眠疗法的进程以及是否能够顺利完成。其中，受暗示性程度测试主要可以分为嗅觉测试、平衡能力测试、记忆力测试以及视觉分辨能力测试4种。

　　通常，催眠的方法可分为直接法和间接法。所谓直接法就是指医生通过一系列简单的语言或者轻缓的抚摸，帮助患者进入催眠的状态。而间接法则指的是通过让患者凝视或关注一些发光的小东西或者单一且低沉的声音，来使患者进入催眠状态。在社交恐惧症的治疗中，一般只需要让患者进入一种浅度催眠状态就可以了。当患者进入浅度催眠的状态时，由医生对患者的社交恐惧症的潜在病因进行了解，并用一些比较正面、肯定的语言告诉患者他的社交恐惧症将会被治好。治疗结束时，医生只需唤醒或者暗示患者慢慢醒来即可。

至于具体如何操作，我们不妨来看看深圳一位催眠治疗师的描述：

这一次，我的患者是一个社交恐惧症患者。他在许多社交场合都会出现恐惧、焦虑等症状。在治疗开始之前，我先向他简单地介绍了催眠疗法的原理和方法。在取得他的信任与配合后，我开始实施我的治疗：首先，我要求他双手握拳，与我对视。与此同时，我将自己的双手覆盖在他的双手的外面。然后我开始暗示他将双手越握越紧，大概半分钟左右，他开始出现不适应的情况，并尝试将目光挪开。这时，我要求他继续直视我的双眼，同时继续对他进行暗示，使他的双手越握越紧。很快，他开始剧烈颤抖，双眼紧闭。

　　于是，我问他："你想到了什么？"他告诉我："我看到了自己的小学时期。班上有一个非常霸道的同学。那个同学经常欺负我、嘲笑我，并恐吓我，不许我向老师和父母告状……"听了患者的描述，我开始暗示他将自己的怒气集中到双手上，并告诉他，他的双手已经无法分开了，结果，他真的难以将自己的双手分开。因此，我知道，他已经进入了催眠的状态。于是，我要求他把眼睛睁开，并向他灌输我就是他的那个经常欺负他的同学的观念，鼓励他对我说出挑战的话。在催眠的过程中，他开始接受我的暗示，并真的将我看作是那个经常欺负他的同学。经过一段时间的努力，他终于在催眠状态中，勇敢地对我说出了挑战的话。经过催眠疗法，患者小时候遭遇校园霸凌的恐惧得到了很好的缓解，并慢慢消除了恐惧感。于是，他的社交恐惧症也开始出现了好转。

　　通过这段描述，我们不难发现，所谓的催眠疗法其实就是让患者进入极度放松状态，了解其社交恐惧症发生的原因，并使他在被催眠的状态下正视并克服自己的恐惧。

　　当然，并不是所有社交恐惧症患者都适合运用催眠疗法进行治疗。那些同时患有偏执型人格障碍的或者容易过度兴奋的、不愿配合的或有明显的诸如幻听幻视等精神病性症状的患者是不适合通过催眠进行治疗的。此外，还需注意的是，催眠疗法不适合患者私自进行自我治疗，它需要有专业的医生来进行操作或指导，否则非常容易发生意外。

【Conclusion】未来治疗新趋势——VR 技术

随着科学技术的发展，"VR技术"从诞生起就迅速引爆了全球，成为全球的关注焦点。许多厂家开始争先引进"VR技术"，一时间，游戏领域、视觉体验等领域都掀起了一阵"VR"热潮。但是你可能没有想到，在医疗领域，"VR技术"在许多方面都有着杰出的贡献，许多精神疾病的治疗都可以引进"VR技术"进行治疗。

在安全可控的前提下，"VR技术"被运用到了社交恐惧症的暴露疗法之中。医生可以通过远程治疗的方式，指导患者使用"VR技术"进行治疗，大大打破了传统治疗手段在时间和空间上的限制。并且"VR技术"的运用较于想象暴露治疗而言，具有更直观的刺激，它可以从视觉、听觉等方面对患者进行暴露性刺激。相较于现实暴露治疗而言，"VR技术"在空间和时间上的限制较小，可以做到随时随地进行治疗，而其感知度与现实环境的差别不会特别明显。

当然，作为一种新兴的技术，"VR技术"在临床证据、数据等方面稍显略势。但是，相信经过一定时间的稳定、革新和研究后，"VR技术"将会如潮水一般涌向各类恐惧症的治疗中去。

注释：

VR技术："VR"的英文全称为Virtual Reality，即虚拟现实。指的是通过计算机和最新的传感器技术所创造出来的一种新型的人机交互方式。通俗来说，就是通过对

3D动态实景进行构建，在虚空之中高度模拟一个真实的世界，给人们一种身临其境的感觉。并且早在20世纪80年代初，VR的概念就被提出了，直到现在，这项技术才真正得到了初步实现。

第七章

你可以为自己打开一扇窗

在社交恐惧症的治疗过程中，自身因素往往会起到决定性的作用。如果一个人不积极配合治疗，那么无论使用多有效的治疗手段都无济于事。相反的，如果一个人在治疗时能够拿出积极的态度参与到治疗中来，那么，不管采用怎样的治疗手段都能有事半功倍的效果。

在本章中，我们将从我是最好的我、这些小动作或许能帮到你、放过不完美的过去、在瑜伽冥想中度过美好的时光几方面为大家讲述如何在日常生活中对自己的社交恐惧或社交恐惧症进行自愈治疗。既然社交恐惧症为我们关上了一道门，那么我们大可以为自己打开一扇窗。

1. 我是最好的我

每个人都有他的闪光点，每个人都是最优秀的自己。

事实上，社交恐惧症常常与不自信有着极其密切的联系：因为不自信，所以格外看重他人的评价；因为不自信，所以宁可把自己封闭起来，也不愿与人接触；因为不自信，任何局促的表现都像是千斤顶压在心头。因此，在治疗社交恐惧症时，不妨先从建立自信心开始。

1.保持耐心

自信的建立其实并非一件容易的事情。一个人的自信心需要一定时间的培养，对那些长期处于不自信状态的人来说，更是如此。在这样的情况下，保持耐心就显得十分重要，没有什么是可以一蹴而就的，耐心地一点一点脚踏实地地成长才是最实在的做法。

2.培养学习的能力

纵观所有自信的人，都有一个共同的特点——拥有较好的学习能力。一个碌碌无为、不懂学习的人在面对机遇和挑战时，自然显得底气不足，久而久之便很难有自信。反过来，那些学习能力强的人在遇到问题和挑战时，都不会慌张，也不会害怕，困境下他们仍然充满自信，因为他们知道"不懂就学，只要功夫深，不怕学不会"。

3.懂得积累

正所谓："冰冻三尺，非一日之寒"。许多人都希望自己从一开始就能赢在起跑线，但是事实上，这个世界上的天才并不多。要知道许多技能和经验都应当是一步一个脚印积累下来的，不懂得积累的人又何来底蕴可以谈得上自信呢？

4.认识到自己的缺陷

"人无完人，金无足赤"。没有谁能够做到真正意义上的全知全能。我们都应该正视自己的短板，做到扬长避短。盲目追求完美，无视自己的缺陷其实是一个沉重的负担，长此以往，无论多自信的人也会被拖垮。

5.提前准备很重要

历史告诉我们，没有任何一个有谋略的将军会打毫无准备的仗。在我们的生活中也是一样的，不管做什么事，如果能够提前做好完善的准备，把各种可能发生的情况都预料在内，让自己在各种情况下都能从容应对，这样又怎么会不自信呢？

6.做一个品行端正的人

在《应用心理学》中，克莱恩博士说过这么一句话："请记住，行动和情绪密不可分。虽然你没能直接对自己的情绪进行控制，但是你可以选择自己的行为。"一个品行端正的人在日常生活中必然可以做到问心无愧，昂首做人；反过来，一个品行不端的人可能终日都会纠结于自己是否会为自己所做的坏事背上责任，有愧于心，又怎么可能能够保持自信呢？

7.稍微加快你的步伐

你可能很难理解为何稍微加快步伐有助于自信心的建立，但是，有研究却表明，慵懒缓慢的步伐对一个人的情绪是有影响的。仔细回忆一下，那些遭受打击、心情低落的人在走路时是否大多是拖拖拉拉的呢？再看看那些走路比一般人快的人，他们的行动似乎无不透露出一个信息：我有很重要的事情要做，我会成功。这样的心理暗示对于他们自身也有着很大的帮助。所以，昂首挺胸走快点吧，你也能感受到自信心在一点点建立起来。

8.学会独立承担责任

生活在这个世界上的每一个人都背负着自己的责任，

学会独立承担自己的责任对于每个人而言其实是一种健康心理的建设。如果我们连自己的责任都需要依靠别人承担，那么，又哪里有底气立足于社会？要知道，能够独立承担自己的责任的人无论走到哪里都有底气，自信也往往随之而来。

9.尝试着表达

许多社交恐惧症患者最明显的表现莫过于害怕公开发言。他们心中常常会有这样一个想法："我在发言的时候，如果不能提出有意义的建议很可能遭受嘲笑；而且发言时，我还很可能会出一些洋相。我并不愿意被别人看到我无能的样子。"

这样的想法可能让自信日益匮乏，对社交的恐惧也会日益严重。与其这样，倒不如告诉自己：我要试着表达出来，即使出了洋相，也不要紧，下次、下下次总会变好的。

当然，培养自信的方法还有很多。但是最重要的莫过于坚定一个信念：世界上没有完全一样的两片叶子，我是独一无二的我。随着自信的建立，你的社交恐惧症也会得到很大的缓解。

2. 这些小动作或许能帮到你

既然社交恐惧症一时半会儿无法完全克服，那么，不妨试试从一些小动作中寻求帮助。

无论是暴露疗法，还是认知行为疗法，又或者是系统脱敏疗法，它们或多或少都需要经过一定时间才能生效。在很多时候，我们可能在治愈之前就已经与我们的恐惧对象——社交狭路相逢。这是很正常的，没有谁能完全脱离社交而存在。那么，在这样的情况下，我们或许可以尝试通过下面的这些动作来帮助自己缓解社交恐惧，让自己不那么紧张焦虑：

1.在平时的生活中，可以尝试做一些有助于平复心情的运动。例如：双脚分开与肩同宽，然后轻轻踮起脚，数秒后放下，重复30次，每天可以做2~3组这样的运动。这对于平复不安的心情可以起到很好的效果。

2.调整呼吸。有许多研究证明，急促且无规律的呼吸会加重人的焦虑和恐惧心理，因此，在平时或者感到恐慌时，不妨试试对自己的呼吸进行调整，多做几次深长且有规律的呼吸。这对于舒缓紧张情绪有着非常明显的效果。

3.通常，在社交恐惧症发作时，如果双手握着东西能够给人一种安全感。所以，当你感到恐惧时，不妨在手里握一条手绢、一张纸巾或者一支笔等。这在一定程度上能够让你感到舒适且富有安全感。

4.都说眼睛是心灵的窗口。如果能够做到无所畏惧地与别人对视，那么在聊天过程中就会明显感到信心倍增。当然，对于一些视线恐惧症患者而言，这是最艰难的一步，但是这是一条必经之路。如果你总是回避、恐惧与人对视，那么从精神上你就会自我感觉低人一等，这反而会滋长对社交的恐惧。

5.练习着倾听和赞美。既然，你对社交感到恐惧，那么在一开始的时候，不妨先学着做一个优秀的倾听者。倾听的过程能让你感到放松，同时也能帮助你慢慢融入社交之中。但是，千万不能将倾听视为逃避的方式，在倾听的过程中，也要试着表达。这样的表达可以是赞美，可以是个人意见，也可以是安慰。总之，不能只是做一个"壁花型"的倾听者，否则倾听对你来说，就会失去其原本的意义。

6.肢体语言的运用。当你在表达过程中遇到障碍时，不如试着运用一些肢体语言协助表达：一方面，运用肢体语言的过程中，你的内心会得到放松；另一方面，肢体语言也能帮助你进行回忆，避免忘词。

7.注意力转移。不要过多地把注意力放到自己身上。对自己的过度关注不仅是对社交对象的不尊重，还容易让你发现自己消极的一面。这对于你接下来的谈话、交际行为都是不好的。在这个时候，请尝试着将注意力集中到对方所说的内容上。这能够方便你找到谈话的切入点，同时也能让你的注意力从自己身上卸下来，使紧张的精神得到放松。

尽管这些小方法并不能帮你完全克服恐惧，但是不可否认它们在缓解恐惧和焦虑方面有着有效的作用。当然，你也可以自创一些小动作来帮助自己缓解紧张压抑的情绪，只要它不是逃避行为即可。

3. 我害怕，但我不再逃

这是一位社交恐惧症患者的独白，相信很多人会在这段独白中找到自己。

我是一名社交恐惧症患者。对于社交，我常常带着一种又爱又恨的情绪。我爱社交，不仅出于本能，更出于对情感交流的渴望；但是，我也恨社交，社交总是让我有种深入骨髓的恐惧感。不知道你是否和我一样有过这样的体验：

在我的想象中，我是热爱聚会等社交场合的。在这种社交场合中，我可以向大众展示我的魅力与能力，我是最光芒万丈的那颗星。但是，事实上，这一切仅仅存在于我的想象中。现实中的我经常是社交场合的逃兵。经常出现的情况就是，我终于鼓起勇气报名参与各种聚会，并积极筹备着参与聚会的事宜。在筹备期间，我甚至在脑海中规划好了一系列应急预案：例如，如果在别人面前出了丑，我该如何为自己化解；例如，有人故意要我难堪，我又该如何唇齿相搏……一切准备都已妥当，我已然做好了一切应对的准备。然而，什么都没有派上用场。因为，我往往都会在临出门前选择放弃，当然，临阵逃脱是不光彩的，于是我又给自己找了许多借口：今天太阳太晒了，不宜出门；今天我临时有项工作要完成，实在走不开；这种聚会无趣得很，我实在没有什么兴趣……总之，我不会承认我害怕，所以我临阵逃脱的。因为这样的认知只会让我更加恐惧。

但是，今天我要告诉我自己：我就是害怕。是的，我害怕在别人面前出丑；也害怕见面后别人对我的印象会一落千丈；更害怕，他们会因为各种各样的原因嘲笑我、看轻我。所以，我往往都会选择临阵脱逃。我也希望自己是光芒万丈的，但是我怕我做不到，那会让我产生严重的心理落差。这种心理落差也是我所害怕的。总之，我害怕的社交场合和情景有太多太多了。并且除了害怕这些社交场合和情景以外，我还害怕"我害怕"这件事。

呼……当勇敢地承认我害怕以后，我的心情放松多了。因为一直以来，我也在忙于掩饰自己的恐惧，这给我的内心带来了沉重的心理负担。我多么害怕别人也发现我的恐惧。不过，现在我已经说出来了，又怎么会害怕别人察觉呢？

接下来，我还要告诉我自己：我不再逃避了。

逃避到底带给我什么呢？在短期内，逃避确实让我心情放松，也让我的恐惧有所缓解。但是我也知道，每次逃避后，除了得到短暂的快乐以外，我的内心还会陷入对自己更加强烈的怀疑与看轻之中。比起别人的蔑视，自己对自己的看轻让我更难受，特别是我每次都告诉自己我可以，而实际中却一直在逃。这样的矛盾让我感到羞愧，我受够了这种逃避给我的内心所带来的负面效应。

我不要再屈服于我的恐惧。因为我知道，在我逃跑的时候，我的恐惧肯定也在嘲笑我。我不愿意在承受了那么多恐惧所带来的痛苦的同时，还要被它嘲笑。所以，我已经决定了：无论多害怕，我都不要再逃避。

这条路很漫长，我需要克服的潜在因素也还有很多。我知道，在此期间，我可能还是会潜意识想要逃。但是只要我有所察觉，就绝不会允许自己当一个逃兵，我坚信终有一天，我会战胜我的社交恐惧。

4. 放过不完美的过去

许多人的恐惧，尤其是社交恐惧，说到底还是其实是不肯放过过去的不完美。

"只要我一想起过去在社交场合所表现出来的种种不完美，就会感到压力，甚至是压抑。这样的情绪确实是很痛苦的，可是我控制不住自己。甚至很多时候，我都希望可以穿越回去，把那些不完美的东西一一纠正过来。可是，我又做不到。于是，我就陷入了强烈的矛盾之中。我很痛苦，但是却寻不到出口可以解救自己。所以，我只能逃避社交，因为我害怕再出现不完美。显然我追求完美的态度似乎常常为人所不喜，我也害怕别人的讨厌……"

　　一位有着完美主义者特质的社交恐惧症患者是这样为我们描述他的情况的。对于他所说的，我们十分理解。因为有些时候，我们自己也有这样的冲动：想回到过去把所有不完美一一纠正过来。可是这显然是不可能的。对于一般人来说，这样的想法往往不过是一个转瞬即逝的念头，并不会有太大的影响。但对于上述的那位社交恐惧症患者而言，这样的想法确确实实给他带来了极大的干扰。

　　一般而言，完美主义者最显著的特点莫过于追求完美。一旦有些事情无法达到他们满意或是完美的程度时，他们就会陷入一种极度不安、恐惧、烦躁的状态之中。就像我们在前文所说的，这个世界上不会有绝对完美。因而，"完美主义者"们往往会沉浸在矛盾、挫败的阴影中，这样一种对完美的追求其实是一种病态的追求，由此，还会引起他们对一切"不完美"的恐惧。

他们往往会将周遭事物的不完美转化为深深的自卑与沮丧。因为这些不完美，他们变得易怒和激动，与此同时，他们往往会将自己对事物的追求强加在别人身上，认定别人也如同他们一样无法接受这样的不完美。

在这样的情况下，他们便会给自己施加更多的压力。在之前的章节中，我们也提到：很多时候，完美主义确实在我们与社交活动之间铸了一堵墙。那么，应该怎么办呢？

首先，我们应该在心里树立一个观点：这个世界上没有完美的事物，每个人都有自己长短处。所以，要学会接纳自己，肯定自己的优点，对于可以改进的缺点自然是尽全力去改进，对于无法扭转的缺点，不妨保持一颗知足常乐的心，去接纳它。从另一个角度上看，能做到这样，你就已经拥有了一个完美的心境了。

其次，制定合理的目标。在制定目标之前，你应当对自己有充分的了解，明白自己的实际能力所在，并且以更好地完成为目标，而不是以最好为目标，尽量做到心平气和，不过分苛求自己。

最后，学会欣赏不完美的美。月有阴晴圆缺，而阴晴圆缺各有各的美。我们每天都会遭遇各种各样的挫折和失误，但是只要我们全力以赴了，又有什么值得遗憾的呢？

完美不过是一种幻想。既然只是虚无的幻想，我们又如何可能企及呢？所以每每追求完美，则越容易陷入困境。如果你坚持事事完美，那么从另一个角度上讲你就是一个永远的失败者；如果追求完美不能让你变得更好，而是给你的人生、心理造成障碍，那么，你有必要反思一下，是否真的有这个必要呢？

走不出过去，就到不了未来。放过不完美的过去，你才能拥有更好的自己。这个世界上本来就没有十全十美的人和事。你也只有放过不完美的过去，才能放过当下的自己，否则，你就只能永远待在自己为自己划定的圈里。聪明的你，会做出怎样的选择呢？

5. 在瑜伽冥想中度过美好的时光

瑜伽和冥想能让人们身心变得轻松愉悦，你何不一起享受这一美好时光？

在现代生活中，瑜伽和冥想以其良好的放松身心的作用，而深受各个年龄层人们的喜爱。不过你可能不知道的是，在社交恐惧症的治疗中，瑜伽与冥想也可以起到很好的辅助作用。瑜伽能够帮助人们做到身、心、精神三者的和谐统一，缓解紧张压抑的情绪；冥想则能帮助我们稳定情绪，淡定地面对恐惧，平复恐惧给人带来的强烈刺激。

值得注意的是，瑜伽和冥想都是需要我们长期坚持才能有效的辅助疗法，不可能能达到立竿见影的效果。

瑜伽的练习方法

瑜伽是一个通过古老而简单的技巧，帮助人们发挥潜能，改善人类身心、情感以及精神的体系。其中心思想是帮助人们平复心情，使之尽可能地处于平静的状态。现如今，瑜伽可以分出多个流派，瑜伽动作方法也十分丰富。但是要记住，我们的目标其实并不在于追求那些高难度的瑜伽动作，而是通过瑜伽运动使得自己的内心得到放松。在这里，我们不妨选择能够令人感到心境平和的心瑜伽进行练习：

端坐于瑜伽垫的前段，双手合十，紧贴胸前。闭上你的眼睛，放慢呼吸，想象着自己的心中有一朵火红的玫瑰。这朵玫瑰的花心里放着一颗闪耀的水晶。想象着这朵玫瑰在沙漠中，在池潭边，在都市中……无论在哪儿，它都能默默绽放。同时，那颗水晶无时无刻不散发着耀眼的、纯净的光芒。感受内在风息（在内脉中流动的称为内在风息）的流动。整理好你的思绪，不去想那些过度兴奋、过度恐慌或过度悲伤的事情，在心中培养起一个纯善、圆满的念头，并以这个念头去驱动你的内在风息。感受纯善的念头在你体内游走，播种下一个美好的世界的种子。

这就是心瑜伽的精华所在。

这个瑜伽动作看起来只是十分简单、平平无奇的坐姿瑜伽。其主要核心却是在与内在的练习和放松，每天30分钟的心瑜伽坚持下来，将让你的心境得到很大的提升，对社交恐惧症的治疗也有着很好的辅助作用。

冥想的练习

在现代生活中，冥想受东西方思想的影响有了以下的定义"冥想是一种特别的意识状态。它涵盖了姿势和呼吸的平静，包容的态度，淡漠的情感……"而在心理学上，冥想最常以"正念"的方式存在。所谓的"正念"讲究的是以平静的态度集中注意力，坦然接受所有事物，让自己的身心都出于一种安静祥和的状态。冥想往往涉及呼吸以及身体状态的调节。在这一点上，它与心瑜伽有一定的互通之处。在社交恐惧症的治疗上，冥想能够帮助我们更好地直面恐惧，让我们远离恐惧所引起的诸如羞耻、愤怒等情绪。

具体的练习方法如下：

1.就位

建议采取跪姿就位，并让自己面对窗户或者墙壁，选择一个能够让自己聚精会神关注的东西。认真地盯着那个物体，把自己的全部注意力集中于该物体上。值得注意的是，我们进行冥想练习时，应当选择一个能够独处，但不必绝对安静的环境。

2.进行呼吸及放松练习

放松你的身体不断平缓自己的呼吸，让自己缓慢进入冥想的状态。

3.接受

由于冥想时所处的环境并非完全安静，因此我们应当接受发生在我们身上以及四周的一切：无论是窗外的吵闹声也好，或者是蚊子嗡嗡的叫声也好……我们都要学着接受。同时在此时，一些负面消极的情绪可能在冥想的过程中出现。我们要学会接受，但绝不屈从。这样的状态虽然无法让这些外界因素以及负面情绪消失，但是却能让他们无法再打扰到你。

4.保持冥想

当冥想进行到一定阶段时，我们身体上诸如脖子酸痛、肌肉麻痹等等感受以及外界的声响可能会让你分心。这时候，你就想象着自己正在一场聚会上，你是一个远远观望的观望者。聚会的吵闹与你无关，而你也不受他们打扰，并缓缓将自己的意识引导到预期的方向。

5.冥想结束时，不要急于起身

依旧以集中的注意力，用你自己的方式平息自己的情绪，并以虔诚的态度来感恩本次冥想练习。

瑜伽和冥想都是需要长期坚持才能看得到效果，所以，不要想着一开始就能收获极佳的效果。此外，这两种方式都只能作为辅助治疗的手段。当社交恐惧症过于严重时，这样的练习可能收效甚微。不过如果能配合一定的针对性治疗的话，瑜伽和冥想肯定会给你带来一定的帮助。

【Conclusion】关于社交恐惧症的护理常识

身为社交恐惧症治疗护理人员，在护理社交恐惧症患者的过程中有几点专业护理的常识需要注意：

1.护患关系应当建立在治疗上

对患者要保持真诚、尊重的态度，应以理解的心态对他们表达关怀。一般情况下，恐惧症患者或多或少都会存在依赖心理，在入院治疗时，可能会对医务人员有强烈的依赖心。作为护理工作人员，不能因为任何原因而帮患者包办一切，要知道对于社交恐惧症患者而言，护理是一种社交。良好的护患关系对于治疗有着不可忽视的意义。

2.对患者抱有理解的态度

患者恐惧的是什么，会有怎样相应的表现，这些表现的强度如何，这些都是护理工作者在护理患者时需要密切注意的。只有了解清楚这些内容，才能够制定出合适的护理方案。与此同时，对待社交恐惧症患者应该抱有包容的态度，理解他们情绪变化，不能用自己的行为、道德标准来衡量患者的行为，更不能嘲笑和拒绝他们。

3.参与治疗

在护理的过程中，护理工作者最好也是治疗的参与者。在日常护理中，应当积极地与患者一同讨论恐惧的应对方法，帮助患者恰当、合理地表达自己的恐惧，并鼓励他们对自己所恐惧的事物进行回忆。在患者感受到强烈的恐惧感，或者出现强烈的恐惧反应时，应当及时予以陪伴和保护。同时，护理过程也与医生的治疗方式和手段保持目标、方式上的一致。

4.确保药物治疗的顺利进行

在社交恐惧症的治疗上，药物的使用需要谨遵医嘱。护理人员一方面应保证给药过程的顺利进行，另一方面还要关注药物可能起到的一些副作用，及时和医生保持顺畅的沟通。

图1解析：工作和生活中，我们经常会碰到被忽视的情况，大多数人遇到之后往往会产生郁闷、渴望等心理，并希望通过努力证明自己。但是一部分社交障碍人群，却只是变得更加"哀怨"，个人的精神面貌变得消极、颓废、萎靡不振，只能在头脑中幻想自己成为职场精英。我们在遇到被忽视等情况发生时，应该选择站出来将自己的所想说出来，沉默并不是处理事情的最好办法。

图2解析：心理学家卡伦·霍妮曾经在她的书中记述了这样一件事：一个老好人式的设计员，珍视友谊，但有一次却从朋友那里偷了钱。这真是让人难以理解，因为只要他开口，朋友一定会愿意借钱给他。那么这件事的根源是什么呢？这位设计员有一定的社交障碍，他不懂得如何向人求助，他享受帮助他人的乐趣，但一旦真遇上他自身解决不了的事情，他却反感向别人求助，他把求助视为一种不光彩的行为，一种向别人乞讨的行为，这种认知显然是扭曲的。

图3解析：我们身边有这么一群人，他们迫切地想得到别人的温情和帮助。所以，一旦遇到困难和恐惧时，他们首先想到的不是如何去克服困难和恐惧，而是选择屈从，希望能够得到别人的关心、保护……这些人在社交中永远处于从属地位，他们努力把自己的脆弱表现出来，然后这并不是一种对等的交往，这样的人在朋友心中和社交场合也往往缺少存在感。

图4解析：生活中，有些人在社交中遇到挫折时，他就开始重新评估自己，将自己的能力贬低为零，而这是他个人独有的逻辑思维方式。换句话说，身边任何人对他的批评、拒绝、斥责、背离都会给他带来痛苦，他会处于一种惶恐的状态中，并尝试尽最大努力去挽回别人对自己的看法。他左边的脸挨了耳光又把右边的脸送上去，这种情况并不是由于"受虐狂"驱动力所造成的，而是他依据内心的指引所做出的唯一努力，希望以此与人和解。

图5解析：我们生活中存在着一批人，他们说自己内向，不善于与人交往，于是选择封闭自己，隔绝外界。之所以会这样，是因为他们不敢正视自己内心的真实感受，害怕受到伤害，一旦发现与旁人的关系变得紧张或者有发生矛盾的倾向时，他们就会出于保护自己的想法，选择逃避现状，选择一个人独处，这是自我孤立的最显著特征。

图6解析：你可能也碰到过一些极度沉默寡言、极度封闭保守的人，你能猜到他们心中在想什么吗？心理学家告诉我们，一部分自闭的人，往往就像锡兰丛林中的侏儒战士，只要躲在丛林中他就是无敌的，但一旦迈出丛林就变得脆弱不堪，一击即溃；他觉得自己就像中世纪的要塞，其实只是一堵围墙，一旦这堵围墙被攻破，整个要塞就失去了防御能力。生活中患有自闭症的群体，他们往往满足与他们自己的世界，硬生生地将现实与他们设想的隔离成两个时空。他们的世界里，他可以随心所欲，永远占据主导地位。然而如果这样的现状维持过久，他们面对现实生活中的矛盾就变得手足无措，越发的害怕现实生活，这也意味着他们将逐步脱离现实，脱离群众，自我孤立成为一个个体。

图7解析：生活中有一小部分群体，他们有着一种"外化"的倾向，即被迫地与自我疏远。他拒绝接受现实，拒绝接受自我意识。他们通常选择逃避，逃离自我。图中的男孩在想象中将自己变成了一个威风的将军，这其实就表明了其内心存在的冲突。

图8解析：你身边是否有这样的朋友？他们总是将自己的物品划分得很清楚：什么东西给朋友，什么东西给敌人；什么东西给家人，什么东西给外人；什么是对公的，什么是为私的；什么是给有身份的人的，什么是给有求于己的朋友的……他们的生活永远井井有条，其实这是他将周围的人都独立开来分为一个个小的整体，且互不干扰，但往往这只能存在于想象中，现实中很难有这样的情况发生。